U0075770

風雲時代

風雲時代

Q版FB歷史

元朝其實很生猛

…丁振宇 著

前言

微歷史也就是用「微博體」、Facebook的形式來記錄歷史。微博及Facebook的特點是短小、及時，適於傳播，近年來，微博和Facebook成爲國內最便捷的一種交流方式，對於記錄歷史來講，它同樣也是一個好工具。因爲當今社會生存競爭激烈，生活節奏奇快，人們沒有時間、沒有精力，也沒有耐心靜下心來閱讀冗長繁雜的歷史巨著來獲取知識，因而造成當下人們，尤其是年輕一代對歷史知識欠缺匱乏的窘況。

而《微歷史》的出現，除了「微時代」自身的推動之外，更多的是民眾自身的一種訴求。因爲它將微博體與歷史事實進行了有機的結合，在有限的字數裏以精當的內容濃縮精華，言簡意賅，字字珠璣。的確爲廣大讀者提供了一種解讀歷史的新可能性。無需非常集中的閱讀時間或持久專注，無需專門的歷史或理論素養，茶餘飯後，公車上，花費五分鐘翻閱一下，就會收穫良多。

元太祖成吉思汗鐵木真十分強悍，有人說他是「世界征服者」；有人說他是「千年風雲第一人」；有人說「歷來蔑視人類之人，無逾此侵略家者」；他發動了古代世界大戰，創建了有史以來版圖最大的日不落帝國。據說美國老是用日本、菲律賓等彈丸之國跟中國鬥一鬥，就是怕中國再出現個鐵木真。

蒙古族的祖先是東胡，秦漢之際，東胡與匈奴東、西並立，不失爲一個東方強國。後來與匈奴發生戰爭，被冒頓單于擊敗。從此東胡餘眾四散奔走，形成了幾個名稱不同的部族。傳說中的兩個蒙古族男子捏古思和乞顏，大概是蒙古族兩個氏族的名稱，他們居住在額爾古納河南岸的深山老林中。這兩個人名的漢字意譯是「蒼色的狼」和「慘白色的鹿」。

舊譯《蒙古秘史》記載說：「成吉思合罕（可汗）的根源是，奉上天之命降生的蒼色的狼，他的配偶是慘白色的鹿。他們一同渡過騰吉思海而來，在斡難河源頭不兒罕山前立下營盤，生下了巴塔赤罕。」這就是《秘史》所說的成吉思汗的始祖，時間距離成吉思汗整整二十二代。

從「蒼狼」與「白鹿」起，又過了一百多年，蒙古族才進入朵奔蔑兒干時期。「蔑兒干」漢語意爲「善射者」，「朵奔蔑兒干」即善射者朵奔。他有一個哥哥名叫都哇鎖豁兒，「都哇」漢語意為「遠視」，「鎖豁兒」漢語意為「目」，「都哇鎖豁兒」相當於漢族傳說中的「千里眼」。他們是蒙古族著名的首領，成吉思汗的第十一世祖先。

朵奔之後，他兩個大兒子的子孫組成了蒙古族的答兒列斤氏，也就是布衣的蒙古人；三個小兒子的子孫組成了厄倫氏，或稱厄魯溫氏，相傳他們是金光神人的後裔，所以稱作「純潔出身的蒙古人」，亦即黃金家族。其中第五子豐端察兒的後代稱為豐兒只斤氏，這就是成吉思汗所出生的氏族。

蒙古族是中國北方的遊牧民族，他們以旋風般的速度，征服亞洲，攻打歐洲，建立了龐大的封建王朝，寫下了中國歷史的動人傳奇。這部歷史傳奇，故事真實感人，描寫生動細緻，情節多姿多彩。讓人們在閱讀傳奇中瞭解真實的歷史，在瞭解歷史的過程中獲得精神的享受。

元朝的最後一任統治者叫孛兒只斤．妥懽帖睦爾，簡稱元順帝。無論何時我們都不能忽視黃白之物的重要性，只有充分發揮它的作用你才能吃好睡好，這個過程叫做「理財」。而元順帝的理財意識簡直亂七八糟，他登基沒多久就把國庫裏的銀子花光光了，接著竟鬼使神差的發行了新鈔。於是，貨幣膨脹的狂潮刮得老百姓是揭不開

鍋，也擰不開水龍頭。

元末的統治者對百姓的壓迫和管制十分惡劣。當時不管哪一家人結婚，新婚之夜新娘子必須先由元人佔有，名曰初夜權。但元人又怕漢人反抗，每十戶人家才准許用一把菜刀，而且還用鐵鏈鎖在屋柱或井岸上。當時浙東一帶有民謠曰：「天高皇帝遠，民少相公多；一日三遍打，不反待如何？」

閱讀本書能飽覽歷史的風雲變幻，洞察命運的起落沉浮，瞭解人間的愛恨情仇，品味人生的酸甜苦辣。歷史是一部百科全書，是一部智慧寶典。這是一幅絢麗多彩的畫卷，這是一部波瀾壯闊的史詩，這是一部曠絕古今的傳奇。一部好書，值得閱讀，不可錯過。

版本歷史

元朝其實很生猛

目錄
CONTENTS

目錄
CONTENTS

版下的歷史

元朝其實很生猛

第一章

太祖開國

馬上皇帝的崛起

剩男也有春天

蒙古乞顏部首領也速該從小就臂力過人，善長騎馬射箭，能拉開七石重量的弓箭，完全是一個殺人不眨眼的劊子手。眼看到了娶媳婦的年齡，這位紈絝少爺很想得到一個美如天仙的大戶人家閨女作老婆，只是部落裏沒有能打動他的美女，暫時屬於剩男系列。

一一六一年秋，也速該在斡難河畔打獵，發現了蔑兒乞人赤列都正在迎娶的美麗新婦訶額倫。訶額倫出身於高貴的弘吉剌部，天生的美女胚子，紅撲撲的臉蛋就像熟透的蘋果，明亮的眼睛蕩漾著斡難河一樣清澈的水波。也速該一見難忘，經過三打兩勝的火併，打敗了蔑兒乞人，搶來訶額倫做夫人。

訶額倫被也速該帶回家後，天天哭得非常傷心，也速該很心煩，就讓答里台斡勒赤斤對她說：「你的丈夫是個白面書生，我勸你還是不要枉費心機再哭了！你的夫君以後稱王了，你就是王后。」女人一聽有盼頭，心裏轉悲爲喜，停止了哭聲。

一一六二年，也速該在與塔塔兒部戰爭中大獲全勝，準備帶兵返回原來的部落。

訶額倫爲了迎接丈夫的凱旋歸來，穿著豔麗的蒙古服裝，打扮得漂漂亮亮的，她騎在一匹雪白的戰馬上，在鮮紅的頭巾映照下，面色紅潤，楚楚動人。在浩浩蕩蕩的騎兵隊伍中，訶額倫是女騎兵隊中最美的兵花，耀眼奪目，光彩照人。

成吉思汗的誕生

不久，也速該的第一個少爺降生了。降生時，右手握著一塊如赤石般的凝血，也速該頗感奇異，認爲這奇異現象是吉祥的徵兆。這時他正好戰勝塔塔兒人，爲了進一步奚落塔塔兒人，就以俘獲的塔塔兒部首領的名字爲兒子命名，叫鐵木真。誰知這孩子就是後來令世界爲之震驚的成吉思汗鐵木真。

出來混，遲早要還的

鐵木真漸漸成長到適婚年齡，聽聞弘吉剌部首領德薛禪有一美貌的小女名孛兒帖，於是也速該帶著兒子上門求婚。德薛禪說：「一張嘴求婚馬上答應，就不值錢。

必須要求婚多次，這才證明女方高貴；雖然說女孩終究是要出嫁的，但我有個條件，先把鐵木真留在我家做一段上門女婿，再將女兒許配給你的兒子。」於是，也速該用從馬作了彩禮，將鐵木真留下。

在也速該回程途中，遇到了塔塔兒人舉行的宴會，由於怕暴露身分而遭報復，草草吃喝就匆匆離去了。然而沒過多久他就覺得腹部隱隱作痛，回到帳篷裏，更是絞痛難忍。這樣一連三天，多方醫治都沒有效果。到這時，他才知道塔塔兒人早已識破他的身分，暗自在酒中下毒了。真是勇武有餘，細心不足，防人之心不可無呀！

在也速該中毒還剩一口氣沒捨得咽下，連忙叫家族裏的人蒙力克進入帳篷裏，對他說：「你的父親察刺哈對我十分忠誠，你也應當像你的父親一樣忠心耿耿。我的兒子鐵木真，目前在德薛禪家當了女婿，我送兒子回來的途中被塔塔兒部落裏的人毒害了。你去領回我的兒子，立即動身，快去快回，不可耽誤！」

孤兒寡母的慘淡歲月

不久，也速該駕鶴西去了，訶額倫夫人帶著幾個兒子，生活頓時陷入窘境。一

直與乞顏部爭奪權力的泰赤烏貴族開始發難了。也速該死去的那年春天，同族人舉行祭祀祖先的儀式，訶額倫夫人來得遲了，泰赤烏部俺巴孩汗的兩個夫人斡兒伯、莎合台，竟不分給訶額倫應當屬於她的一份祭肉。

祭祖是古代蒙古氏族制度的一項重要活動，只有本氏族成員才能夠參加，訶額倫對不分給祭祀後用的祭品這事，憤憤不平，對他們說：「我的丈夫也速該雖然死了，但是我的兒子不是正在逐漸長大嗎？爲什麼連祭祀後的肉食都不分一份給我們，這樣做公平嗎？」

「你丈夫去了，沒了依靠，自然沒有你的份了。」泰赤烏人說。

第二天，泰赤烏人在其首領塔兒忽台、脫朵延吉兒帖等人的帶領下，棄下訶額倫母子沿著斡難河遷走。許多乞顏貴族也跟著離開了，只有晃豁壇部的察剌哈老人和蒙力克父子留下了，因爲在也速該活著的時候，晃豁壇部同泰赤烏人發生過衝突，也速該趕到，才從泰赤烏人手裏救出了晃豁壇部，而今後者滴水恩湧泉報。

被族人遺棄的鐵木真母子流落在斡難河畔，過著貧困的生活。在艱苦的環境中，堅強的訶額倫帶著幼子們與命運抗爭。她勒緊褲腰帶，嚴整衣裙，奔波在斡難河邊。

忠心的老人

合不勒汗的小兒子脫朵是鐵木真的叔祖輩，原本受到也速該的信任和重用，在也速該死後，也投靠了泰赤烏部落。脫朵對訶額倫母子非常不好，還挖也速該部落裏的牆腳，對部落裏的人說：「別再跟他母子了，一看前景都不好了，明智的就離開也速該家族，趕緊跳槽到俺巴孩家族才有前途。」部落裏的人短見，紛紛投靠了泰赤烏部落，其中一部分還是領導層。

鐵木真耐心地挽留，結果白搭。察剌哈也竭盡全力地勸說，不料激怒了脫朵，他竟然取出了一支長槍，向察剌哈亂戳亂刺。由於躲閃不及，察剌哈背上中了一槍掛了彩，只得忍痛回到了家裏。

鐵木真聽說察剌哈受了傷，趕忙去他家裏看望。察剌哈忍著疼痛，對鐵木真說：「其實就是我死了也沒什麼可惜的，只是放心不下你母子幾人孤苦零丁，無依無靠，如何能夠生存得下去。」鐵木真聽了哇哇大哭。

鐵木真把情況告訴了母親訶額倫。訶額倫豎起清秀的眉毛，瞪圓了美麗的眼睛，勃然大怒說：「他們簡直欺人太甚！我雖是一介女流，難道就一點用也沒有嗎？」說著就帶著鐵木真，出來召集部落人馬，這時還有幾十個人，還算對主人忠心，訶額倫就命令他們幫助追回叛逃的人。

訶額倫親自騎著馬，追上了叛逃的人大聲吼道：「前面的將士們聽著，你們不能再跑了，趕快給我停住，聽從我號令！」洪亮的聲音在草原上久久迴盪，動人心魄。脫朵等人聽見吼聲，立即回轉身來，看看發生了什麼事。這時他們見訶額倫滿臉殺氣，嫵媚的容貌中充滿了英武的氣概，威風凜凜，令人害怕。

訶額倫指著脫朵說：「你是我們家族的首領，爲什麼要他們到別的部落裏去？我和也速該不缺你吃不缺你喝，以後還要仰仗著你的大力扶持。別人離去，你也跟風，如何對得起我們的祖先。」

脫朵說：「就你們母子幾人，又不會武功，不懂兵法，我們可不想等死。」

訶額倫也不是吃素的，快馬加鞭，衝進叛逃的隊伍中，把槍桿橫著，攔住了一半叛逃的民眾，好像一個威風凜凜的女將軍。在蒙古民族的歷史上，訶額倫就像草原上的一隻高傲的鷹，少見的巾幗英雄！

訶額倫對叛逃的部落成員吼一聲說：「不許再走！誰想走，我就和誰比劃比劃！」那些叛逃的民眾從沒見過訶額倫有如此大的膽量，過去一直認爲她只是個嬌滴滴的溫順小娘子，誰知人家藏而不露，這時才顯出英雄本色。

訶額倫見他們有些畏懼，開始實施心理攻堅戰，對他們說：「假如你們當叔伯子弟的人還有忠心不願意向我還手，我就深深地感激你們！你們不要和脫朵一般見識，你們必須知道瓦片尙有翻身的日子，鐵木真終會東山再起。請你們仔細想一想，來去由你們自己決定。」

爲了徹底挽回叛逃的人馬，鐵木真母子唱起了雙簧，鐵木真跪在大草原上，默默地向民眾痛哭著磕頭行禮。訶額倫說：「你們如果不記得我死去的丈夫也速該的深情厚誼，也該同情我們母子幾人。等到我的兒子們長大成人，他們也能像我那死去的丈夫一樣武藝超群，那時他們會知恩必報，冤仇必復。」

叛逃的民眾被訶額倫的說詞打動了，一邊跪拜，一邊說：「以前我們是被脫朵騙

了，以後我們都願意爲你們效勞！」

最後，只有走在隊伍前面的民眾離去了，後方的民眾都跟隨著訶額倫回來了。回到草原上的營地後，訶額倫母子聽說察刺哈老人已經去世了，親自去向他的家屬及生前好友表示哀悼，分別大哭了一場。部落裏的牧民們看見訶額倫母子對人推心置腹，以誠待人，才漸漸真心歸附訶額倫。只是泰赤烏部落這時聚集的牧民越來越多，對訶額倫母子也越來越仇視。

兄弟搶魚事件

由於生活困苦，任何一點食物都彌足珍貴。鐵木真十三歲那年，手足間發生了一次「搶魚」事件。鐵木真與合撒兒釣的魚，被同父異母的兄弟別克帖兒搶去。憤憤不平的鐵木真與合撒兒忍無可忍，於是前後包抄，射死了別克帖兒。訶額倫知情後，悲憤地責打他們說：「現在除了影子之外沒有同伴，除了馬尾巴之外沒有鞭子，國仇家恨交織，應該兄弟一心，其力斷金，共同擔負起振興家族的大業。」

捉拿鐵木真

由於泰赤烏人害怕日漸成長的鐵木真會報復他們，決定先下手爲強。聽聞消息的鐵木真一家人連夜逃走，躲在山溝中，但仍被泰赤烏人追上。泰赤烏人大喊：「我們只要捉拿鐵木真一個人。」鐵木真聽見他們指名道姓地捉拿他，爲了不連累家人，決心一人面對，上馬竄出林子。泰赤烏人在鐵木真後面窮追不捨。

鐵木真逃到了兒古捏山，鑽入了一片叢林裏，泰赤烏人知道他勇猛無比，不敢進去捉拿他，只能在叢林周圍嚴密地包圍。

到了第三天，泰赤烏部落的人有些忍不住了，試圖放火燒，想用煙把鐵木真熏出來，可是風向不對，直熏得泰赤烏部落的人睜不開眼，他們趕緊把火撲滅了，還燒死了很多馬匹。

鐵木真在兒古捏山一連住了四天，餓了，只能尋找一些野生的果實充饑。後來實在忍耐不了饑渴，只得走出叢林。當他剛走出叢林時，忽然聽見烏鴉在樹梢叫了一聲，鐵木真以爲這是不祥之兆，就說：「是老天不讓我出去冒險。」古代的蒙古人，

非常迷信。他就這樣又返回了叢林裏，躲藏了四天。

四天後，他又想走出叢林的時候，剛走了幾步，突然狂風大作，心裏說：「莫非真是上天又叫我不能出去嗎？」他又返回去，在叢林裏躲藏了兩天。最後他又饑又餓實在頂不住了，才下定決心：「出去是死，躲在這裏是餓死，不如出去拚一次！」就牽上馬一直走了出來。

走著走著，聞到一股香味，於是鐵木真聞著味找了過去，原來是前天泰赤烏人燒死的馬匹發出的香味，這可饞壞了鐵木真，鐵木真顧不得拴好馬，就跑了過去，拿起地上燒熟的馬肉吃了起來，突然想起馬沒有拴好，趕緊一邊吃，一邊走，去尋找馬匹。

這時他忽然聽見一聲響亮的口哨聲，頓時手忙腳亂，兩眼一黑就跌入早已挖好的陷坑裏，被摔得昏了過去，接著四面八方拋下了無數鐃鉤，把他和馬都拉了上來。等到鐵木真睜開眼睛，向四周看的時候，才發現自己躺在一間屋子裏，周圍牆上滿是獸皮和鳥漂亮的羽毛。

原來鐵木真掉進了獵人捉野豬的陷阱，鐵木真醒後，揉了揉朦朧的眼睛，這時獵人進屋了，他拿來幾顆煮熟的野雞蛋和一杯羊奶，走進來說：「年輕人，你一定餓了吧！」這話正說到了鐵木真的心坎裏，他狼吞虎嚥地吃完了雞蛋，喝了羊奶，急忙向獵人道謝並告別，轉身回去。

鐵木真絕處逢生，獵人相助。一口氣奔跑了好幾里路程，早已疲乏不堪，就在樹林裏小坐一會兒。他擔心泰赤烏部落裏的人從後面追上來，想出了一個巧妙的計策，躲在河水中的彎道裏，頭上再頂一片荷葉，嘴裏含一根竹管，便於呼吸，把身子隱藏在水裏，想這樣找機會休息一下。

鐵木真正在朦朧地睡覺，忽然聽見有人在叫他：「鐵木真，你爲什麼蹲在水裏？」鐵木真聽見喊聲，擦了擦雙眼一看，原來是泰赤烏部裏的一個家奴，名叫鎖兒罕失剌，不由得失聲叫了起來。這時鎖兒罕失剌對他說：「不要驚慌！我不會害你的。」鐵木真拖著一身泥水走到草原的河岸上。

鎖兒罕失剌很同情鐵木真，對他說：「看你這個小孩，真是可憐，我也不忍心害你。你趕快逃跑！去尋找你的母親和兄弟們，如果遇見了別人，不要說和我見過面，是我放走了你。」鎖兒罕失剌說完話，就走了。鐵木真暗暗地想道：自己沒有力氣逃跑了，如果再遇到泰赤烏部落裏的人，後果不堪設想。

鐵木真打定了主意，跟在鎖兒罕失剌的後面，請求他想辦法讓自己脫離危險。鎖兒罕才進入自己的家門，鐵木真就已經從後面趕到了。鎖兒罕失剌見了鐵木真，不禁大吃了一驚，說道：「你爲什麼不聽我的話，趕快逃走？」鐵木真這時痛苦地流下了眼淚說：「我餓極了，也渴極了，馬兒也沒有了，我哪裏還能遠遠地逃跑！」

鎖兒罕失剌正在遲疑不決的時候，從帳篷裏走出了兩個少年，就問道：「這就是鐵木真嗎？如果雀鳥被鷹鷂追逐，無論是樹林，還是草叢，都能讓它們躲藏起來，難道我們父子幾人，反而不如草木，保護不了一個人？必須想辦法救他一下才行。」鎖兒罕失剌點了點頭，同意了。

鎖兒罕失剌他們連忙叫鐵木真進入帳篷裏，拿出食物給他吃。鐵木真飽餐一頓之後，真誠地感謝了鎖兒罕失剌的好意。問了兩個少年名字以後，知道大的那個名字叫沈白，小的那個叫赤老溫，也就是後來元朝四位傑出的文官之一。鐵木真對他們感激地說：「我出頭的日子，就是各位飛黃騰達的時候。」

草原美少女

鐵木真人小志大，是一個少見的少年。他們正在說著話的時候，忽然又有一位美少女從帳篷裏向他們走來。鐵木真見她嬌小動人，頓時就產生了好感。鎖兒罕失剌對他說：「這是我的小女兒合答安，你不如暫時躲藏在羊毛車裏，叫我的小女兒看守著。」

鎖兒罕失剌對鐵木真說：「如果饑渴了，就和我女兒說，讓她為你取食物來。」少女聽從了吩咐，帶領鐵木真到了羊毛車旁邊，打開車門，先搬出了許多羊毛，才叫鐵木真進入裏面躲藏起來，再用羊毛把他遮掩起來。這時正是酷暑天氣，草原上熱氣蒸騰。鐵木真感覺像洗羊毛桑拿，連聲說：「裏面實在悶熱難受。」

少女輕聲地囑咐他說：「不要喊叫！要想保命，忍耐！」鐵木真聽了她的話，才不敢再叫出聲來。

到了夜裏，少女把羊毛撥拉開來，為鐵木真取來了吃喝的東西，讓他填飽肚子。在朦朧的月色下，鐵木真跟美少女，你問我答，言來語去，甚是投機。

鐵木真忽然歎息了一聲，說：「真是可惜！」少女問他：「可惜什麼？」鐵木真說：「可惜我已經有媳婦了。」言下之意，想娶少女為妻。那位少女聽了，紅潤的臉龐頓時成了熟透的四月仙桃，垂下頭說：「你別花心了！老實點吧。」

鐵木真睡了大約三四個小時，聽見草原上雄雞鳴叫，忽然見那位女子慌慌張張地

跑了過來，對他說：「不好了！外面有很多人來捉拿你了！趕快把羊毛掩蓋住，躲藏起來！」

鐵木真躲藏在羊毛車裏，驚慌失措地對少女說：「我的好妹妹，你趕快用羊毛把我蓋住，不要被那群豺狼般兇惡的人看見，我現在心裏發慌，連手足都感到麻木，失去知覺了。」美少女聽了他的話，急忙扯出了一大堆羊毛，叫鐵木真趕快鑽入車子的後面，外面用羊毛堵得嚴嚴實實，再把車門關好，然後離開了。

少女剛剛離開，外面人就已經進來了，他們一邊往裏走，一邊大聲喊叫著說：「鐵木真莫非就藏在車子裏？讓我們趕快搜一搜，搜出來宰了他。」話還沒有說完，車門已經被他們打開了，鐵木真不敢喘氣，連掀動羊毛的聲音都能清楚聽見。合答安一家人真爲鐵木真捏一把汗。

躲在羊毛下的鐵木真這時只能縮成一團，屏聲靜氣，不敢發出任何細微的響動。只聽見鎖兒罕失剌對搜查的人說：「這麼悶熱的天氣裏，羊毛堆裏怎麼能藏得了人？那樣不會悶死，也會熱死的。」過了好一會兒，那些氣勢洶洶的搜查人群才撤離開去。

這次脫險後，鐵木真決定離開。他再三感謝合答安。少女看到鐵木真那樣真心地感激她，羞澀地低下了頭，連忙躲開了，當鐵木真偷瞄她時，發現她雙腮紅潤，兩眼秀麗，美麗迷人，真是戀戀不捨。這時鎖兒罕失刺催促著，他才攜帶了弓箭和食物，一步一回頭，很不情願地出了門，跨上騍子，揚鞭而去。鐵木真離開不遠，又掉轉頭，依依不捨地往回望。

鐵木真看見那位少女慌忙找了一根柳枝拿在手中，然後倚靠在門框上對鐵木真搖了搖，依依不捨地望著他離去，這種動人的情景，實在難以用語言形容。

鐵木真沿著雪地上車轍的痕跡，沿著河流而上去尋找失散的親人。來到了豁兒出恢山，只聽見有人拍著手，高興地喊道：「哥哥回來了！」他向草原四周瞭望，遠遠地看見山的南面有一群行人。他們不是別的人，正是他的母親和兄弟們。他立即跳下了黃馬，和他們相見。

一同追馬的好兄弟

爲了躲避泰赤烏人的再次襲擊，鐵木真一家遷往不兒罕山前的古連勒古山中。這裏有桑沽兒小河，河邊有叫合刺只魯格的小山，野生動物很多，其中有一種草原野生

動物叫果子狸，體形和松鼠相似，肉味鮮美，是草原上難得的野味。他們就在那裏靠捕殺果子狸、野鼠爲食，維持著艱難的生計。

一天，鐵木真家門前的八匹騸馬被馬賊牽走，僅存的一匹黃馬又被其弟別勒古台騎著獵果子狸去了。他們只好等傍晚別勒古台回來再去追趕盜馬賊。

太陽快落山的時候，別勒古台馱著獵到的果子狸回來。訶額倫母子幾個連忙跑上前去，告訴他說：「你不會半路碰見攔路的了吧，怎麼這麼晚才回來，我們那雪白色的騸馬都被盜馬賊偷走了。」別勒古台著急地說：「我現在就去追。」訶額倫說：「鐵木真已經去了，你就留下等消息吧。」

這些馬是他們家的命根子，別勒古台知道追回失馬，自己責無旁貸，就試圖從敵軍中搶得一匹馬，然後帶上火種去追鐵木真了。

鐵木真循著馬群的蹤跡追趕。盜馬賊們的馬匹都是四腳生風的寶馬良駒，鐵木真騎著駑馬追趕了四天，仍然不見他們的蹤影。第五天早上，他來到一家帳房前，房前有一大群馬，還有一個伶俐的少年正在擠馬奶，他上前詢問少年，得知盜馬賊已經不遠了。

少年叫博爾術，阿兒剌部人，是富有的納忽伯顏（伯顏，意為富人）的兒子。

阿兒剌氏與孛兒只斤氏有比較近的血緣關係，納忽伯顏與鐵木真的父親也速該曾經是好朋友。博爾術很佩服隻身逃出泰赤烏人魔掌的鐵木真。因此願意伸出援助之手說：「讓我們結爲安答（兄弟），一起去尋回失馬。」

博爾術讓鐵木真換了一匹黑脊白馬，自己騎上一匹快黃馬，也顧不上和父親打招呼，就立即出發。

他們追趕了四天，太陽快要落山的時候，來到一個營地旁，發現那八匹雪白色的騸馬正在那裏吃草。兩人四目喜悅地相對：真是踏破鐵鞋無覓處，功夫不負有心人，找到了。

鐵木真對博爾術說：「你把風，我去趕馬出來。」博爾術說：「好朋友，怎能讓你冒險？你把風，我去牽馬。」最後兩人一起衝過去，把馬趕了出來。盜馬賊發現了，互相傳遞遇敵的信號，博爾術和鐵木真一下子沒了主意，這時候盜馬賊的帳篷突然著火了，原來是別勒古台趕到了，放了一把火，鐵木真和博爾術趁機帶著被盜的馬走了。

三個人趕著馬，走了四天四夜。快到博爾術的家了，鐵木真和別勒古台深爲博爾術的情誼所感動，他們對博爾術說：「如果沒有遇見你，我們將會怎麼辦？我留下

一些，你要幾匹？」博爾術拒絕報酬，他說：「我幫助你們，只是因爲朋友遇到了困難。我不要意外之財，我的父親很有錢，我是獨生子，家父的積蓄夠我用的。」

博爾術帶著鐵木真和別勒古台進了家，納忽伯顏以爲兒子失蹤了，正在痛哭流涕，看見博爾術回來了，一邊哭一邊責備說：「我兒你怎麼了？不吭聲就沒影了幾天。」博爾術回答說：「沒什麼，我看見這位好朋友有了難處，就和他結伴出去了，現在才回來。」

爲了給鐵木真送行，博爾術殺了一隻羊羔，又在皮桶裏盛上了馬奶，給他做路上的飲食。納忽伯顏認可了這三個夥伴的友誼，對他們說：「你們三個少年，今天互相照顧，以後也要彼此友愛，互不嫌棄！」他哪知今天這個少年就是明天叱吒草原的成吉思汗呢！

鐵木真和別勒古台告別了博爾術父子，趕著八匹雪白色的騸馬，又走了四天四夜，回到在桑沽兒小河的家中，訶額倫母親和弟弟們正在焦急地等待，看見鐵木真帶著丟失的馬回來了，立即高興起來。這下全族的人對他們更有信心了。

當年鐵木真已經具有吸引他人爲自己做事的領袖品格，這對於他帝國事業的成功，至關重要。而博爾術成了鐵木真的第一個貼身保鏢。博爾術智勇沉雄，善戰知兵，他追隨鐵木真參加了統一蒙古高原的事業，並爲此獻出了一生。後來，像博爾術一樣忠誠而有勇力的仁人志士，源源不斷地投附到鐵木真身邊，成爲他的力量。

迎娶第一夫人孛兒帖

一天，老媽訶額倫對鐵木真說：「記得你父親在世的時候，爲了你的婚姻大事，在回家的途中中毒身亡，我們母子幾經磨難，也還稱得上是安然無恙。現在德薛禪親家也應在惦念著你，你去探望一下。如果他答應舉行婚禮，自然是喜事一樁。」別勒古台說：「我願陪阿哥去。」訶額倫說：「這樣最好，互相有個照應。」

鐵木真弟兄倆，到了德薛禪家。德薛禪看見女婿到來了，喜出望外。問寒問暖之後，就擺設筵宴，迎接客人。德薛禪對鐵木真說：「我聽說泰赤烏部落裏的人，老找女婿的麻煩，我一直擔心。今天相見無恙，真是天賜洪福！」鐵木真將家裏的各種磨難，詳敘了一遍。德薛禪說：「吃過苦中苦，該爲人上人了。」

別勒古台把求婚意願說明一番。德薛禪說：「男女雙方都已經長大，今天就可以成婚了。」德薛禪就叫他的妻子會見客人。鐵木真兄弟連忙站起來行禮。德薛禪的妻

子掬壇對鐵木真說：「幾年沒見，女婿長得這樣俊，我非常滿意！」她指著別勒古台說：「這是你的弟兄嗎？也是一個大帥哥！」兩人都連聲說謝謝誇獎。

婚禮的晚上，德薛禪讓女兒孛兒帖換了婚服，到帳篷裏和鐵木真舉行婚禮。婚禮完畢，夫妻倆進入洞房裏，彼此相互觀看，一個是威武雄壯的英雄好漢，氣度不凡；一個是亭亭玉立的美麗新娘，容貌出眾。雙方都感到非常幸福。

三天後，鐵木真想起回家。德薛禪說：「天下沒有不散的筵席，女兒既然成了你的妻子，應該一齊去拜見你的母親。」

於是孛兒帖帶著父親給予她的豐厚嫁妝上路了。到了鐵木真家，她按照蒙古傳統風俗，手裏端著羊尾油，對灶頭叩了三個頭，把油倒入灶裏點燃，這就是行祭灶禮。孛兒帖拜見了婆婆及合撒兒等人，並送給婆婆一件珍貴的黑貂皮草作爲見面禮。

蔑兒乞人的復仇

當鐵木真家族勢力慢慢恢復卻羽翼未豐之際，又遭到了三姓蔑兒乞人的襲擊。蔑兒乞人洗劫了鐵木真的營地，擄走了逃走不及的家人豁阿黑臣和別勒古台的媽媽，孛兒帖由於沒有馬騎，坐在一輛牛駕的黑車子裏，也被蔑兒乞人搶走，並給赤列都的弟弟赤勒格作了妻子。

這時鐵木真還不知道妻子被搶走，他把母親和兄弟們藏匿在樹林深處，只聽風漫山遍野，山前山後，呼喊聲，馬蹄聲，響成一片，好像山洪暴發，接連不斷，震耳欲聾，地動山搖。等到天色快要暗下來的時候，鐵木真才從樹林中探出頭來，向四周瞭望，看見敵人的隊伍，浩浩蕩蕩，正從草原的不遠處穿行而過。

只聽見蔑兒乞人紛紛叫嚷道：「奪走我們的訶額倫的仇恨，我們至今也沒有忘記！」臨走撂下一句狠話：「鐵木真有種你出來單挑。」說罷，就紛紛下山去了。

鐵木真他們在山裏接連居住了四天，偵察得知敵人的確已經遠去了，才與母親和兄弟們整理行裝，下了山。到了山腳下，鐵木真頓足捶胸，痛哭著向山神祈禱說：「我家得到神靈的庇護，今天才得以保全性命，我的子子孫孫，以後應當時常來這裏祭祀，報答你這位山神的大恩大德，永遠不變。」

搶回嬌妻大作戰

妻子被搶，鐵木真決心報仇雪恥。他帶上弟弟合撒兒、別勒古台來到土兀剌河黑松林，向當時草原最強的克烈部首領脫里汗求援，並獻上黑貂皮草。脫里汗爲人貪婪，並反覆無常，但曾經與鐵木真的父親也速該結爲安答，因此算是鐵木真的父執輩。脫里汗說：「你把我像父親一般看待，妻子又送給我黑貂皮草，說吧！怎麼救？」

這時正巧遇上當時可稱草原雄傑的札答闌部部長札木合來訪脫里汗，札木合聽聞鐵木真的遭遇，再加上舊時曾與鐵木真結爲安答，更是義不容辭地發兵助鐵木真。兩股大軍會師，所向披靡，成功營救了孛兒帖。全軍將士熱烈慶賀，鐵木真當天大擺筵席，開懷暢飲，氣氛熱烈。夜晚來臨，鐵木真就把那些俘虜來的婦女都集中起來，先分配給本部落的首領，其餘的都分配給兩個盟軍的首領。

之後，鐵木真家更移居札木合處，同住一起。

戰場上沒有永遠的朋友

在群雄爭霸草原的年代，像鐵木真和札木合這樣充滿野心的豪傑之間，不可能有長久的友誼，他們分裂是遲早的事情。那年夏天的四月十六日這一天，他們商議好轉移草場。鐵木真、札木合二人走在最前面，札木合說：「鐵兄，靠山居住，其實牧馬的人可以住帳篷裏。」言外之意，一山不容二虎，散夥吧！

鐵木真問母親：「札木合對我說，依山居住，牧馬的人可得帳房住。靠水居住，牧羊的人可得飲食吃。我不懂他的話。」訶額倫夫人未及開口，孛兒帖便說：「札木合喜新厭舊，現在又厭惡我們了吧？剛才札木合說的話，是討厭我們的話。我們離開札木合，連夜趕路走吧。」

雄心勃勃

鐵木真帶著屬於自己的部眾，來到了他以前住過的地方，不兒罕山前的古連勒古

山中。在這裏，他以嶄新的姿態投入激烈的爭霸鬥爭。到了桑沽兒河原來的營地，那時人多勢眾，牲畜成群，鐵木真就胸懷大志，長期要求各地方的武裝部徵兵，準備建一個龐大的部落。小有成就，就想建功立業，鐵木真萌發了勃勃的雄心，並被庫里台（軍事大會）推舉爲蒙古可汗。

草原上的戰爭

西元一二〇一年，一個反對鐵木真、脫里汗的統一戰線成立了，爲首的是札木合，但札木合既沒有皇帝的權力，更不是當皇帝的料，這個聯盟既無共同的政治、經濟基礎，又無統一的軍事力量，只是爲了對付鐵木真、脫里汗的進攻臨時拉壯丁湊在一起。實際上都是各懷鬼胎，戰鬥力指數幾乎爲零。

眾多部落一齊在禿拉河會合，由札木合作爲聯盟的首領，與各部落首領，共同宣誓說：「我們要共同打擊鐵木真，如果內部私自洩露機密，暗中背叛同盟，都會像泥土崩塌，樹林折斷一樣，沒有好的結果！」

札木合就各兵種選拔精銳，在夜裏靜悄悄地進軍，準備襲擊鐵木真軍營。當時，鐵木真駐紮在古連勒古山，札木合的軍馬剛開始行動，鐵木真就已通過間諜得到可靠情報，鐵木真立即告之脫里汗，脫里汗率領全部軍隊，迅速與鐵木真會合。

第二天清晨，鐵木真、脫里汗聯軍從古連勒古山出發搶佔了阿蘭塞陣地，這裏依山傍塞，居高臨下、以逸待勞，可以說是既得人和又占了地利，唯一沒有把握的是天時。湊巧的是豁羅剌思種部落裏的人豁里歹和鐵木真有親戚，急忙奔馳到鐵木真那裏報告事變的消息。鐵木真連忙進行軍事部署，以應對突發的戰爭。有時遠親和近鄰一樣很有用。

札木合率領的聯盟軍，已全軍到來。乃蠻部落首領不亦魯黑汗，憑藉自己驍勇善戰，充當了先頭部隊指揮官，他曾經被打敗過一次，這次又來充當先鋒，真是狂妄而又自不量力。他看見脫里汗率領的先頭部隊的人馬，只有少數的幾百人，不禁笑著說：「就這幾個蝦兵蟹將，根本不值得我動手！」

不亦魯黑汗正想率領部隊出擊，忽然望見遠方塵土飛揚，脫里汗和鐵木真聯軍，鋪天蓋地而來，他不禁變驚喜為恐懼，驚恐地說：「我原來想趁著他們沒有防備時候，快速出擊，他們為何早就知道了我們的軍事意圖？難道對方有千里眼、順風耳？」

神奇祈雨石

正在驚疑恐懼的時候，札木合的後援軍隊已經到來，不亦魯黑汗連忙去向他報告軍事情況。札木合說：「這件事無關緊要！篾兒乞部落首領的兒子忽都，能夠熟練觀天象，呼風喚雨，飛沙走石，只要叫他作起妖法來，就能迷住敵人的軍隊，我們就可以趁機衝殺了！」

不亦魯黑汗說：「我能讓天下雨。」札木合高興地說：「趕快去做法！」不亦魯黑汗就和忽都一起，用了一盆乾淨水，各人從懷裏取出幾個楂達石，大的像雞蛋，小的像棋子，把它們浸泡在水裏，兩個人就仰望著天空進行祈禱。不知念著些什麼咒語，咕哩咕嚕地念了好一陣，頓時狂風大作，下起了雨，雨聲越來越大！

楂達石是在騾子和馬腹腔內長成的，有圓形的，也有扁形的，顏色有黃色的，也有白色的。騾子和馬腹腔裏只要長了這種石頭，往往會變得消瘦，如果生剖牲畜得到楂達石，下雨尤其靈驗。

札木合看見求雨成功，心中非常高興，連忙命令各部隊按兵不動，等待時機，眼睜睜地望著對面的敵軍。等到鐵木真的軍隊陣勢慌亂時，就衝殺過去，把敵軍打得落花流水，潰不成軍。

鐵木真正在與軍事高層商議怎樣打擊敵人，忽然覺得狂風大作，風暴洶湧，天昏地暗，狂風驟雨，他急忙命令全軍將士嚴防死守，穩住陣腳。脫里汗部落的軍隊，開始騷動起來，脫里也無法控制。鐵木真擔心脫里汗部隊的動盪會影響全軍，不禁顯得有些焦急。突然間風轉向了，雨點狂飛亂舞，直接向札木合聯軍沖蕩過去。

札木合正暗自得意，沒想到雨點會朝自己而來。這時的不亦魯黑汗等人，只能夠祈禱風雨，卻不能控制風雨方向的逆轉，只得出神地望著天空，任憑狂風肆虐，六神無主，束手無策，無計可施。但是對面的敵軍，已經是喊聲震天，殺聲遍地，軍隊的旌旗飛舞，英勇的騎兵橫衝直撞。

札木合這時的滿心喜歡都變作了漫天愁雲，不禁仰天歎息，說：「上天啊！你爲什麼只保佑鐵木真那個小子，爲何不保佑我札木合呢？」只見軍隊在敵人的攻擊下，節節敗退，勢不可當，札木合想來已經無法阻止，只好撥轉馬頭，落荒而逃。

札木合的聯合縱隊，就這樣全軍敗潰，被砍死的，被俘虜捆綁的，墜落懸崖摔死摔傷的，墜落溝澗中失蹤的，互相踐踏，自相殘殺的，不知死傷多少人馬。

下次你受傷，我也給你吮血

在戰鬥中，鐵木真的脖頸被敵軍射中，血流不止，昏迷過去。很早就歸附於他的者勒篾忠實地守護在他身旁，用口吮吸他傷口的淤血，血染口唇，或吐或咽，又不敢依靠別人幫忙，這樣一直守護了半夜。真是好兄弟，講義氣，這時鐵木真甦醒過來了，喃喃地說：「我的血似乎要乾涸了，我很渴。」

者勒篾穿著短褲潛入敵營尋找牛奶，因爲戰亂，奶馬憋得嗷嗷叫，也沒人擠，所以怎麼也找不到。他仔細搜尋，卻意外地在一輛車上發現一瓶優酪乳子，就偷偷地帶了回來。敵人睡得跟豬一樣，渾然不覺。者勒篾又找來水，將優酪乳子調和好給鐵木真喝。鐵木真連飲了三口，一刻鐘憋出七個字：「我的心裏暢亮了。」

天明，鐵木真看見身邊的一大灘血水，問：「怎麼回事？」者勒篾回答：「你在昏迷，我不敢遠離，只好將吸出的汙血吐在身邊，我也咽下去不少。」鐵木真又問：「你裸奔，不怕曝光？」者勒篾回答：「我故意赤身，如果被捉，我就說本打算投降，被發覺後剝去了衣服，敵人必然相信。屆時我可以趁機跑回來。」

鐵木真被者勒篾的忠誠深深地打動了，他說：「以前我被三姓篾兒乞人追迫，他們圍繞不兒罕山搜查了三遍，那時你曾救過我一次性命。剛才你又吮吸我的淤血，救了我一命。我口渴，你捨命到敵營去尋找優酪乳子，冉次救了我的性命。你這次大恩，我永志不忘記！啥也不說了，下次你脖子受傷，我也給你吮血。」

闊亦田之戰，是鐵木真與札木合集團的最後一戰，也是爭奪蒙古部領導權的最後一戰。至此，鐵木真成爲蒙古部的唯一首領。少數不服從他的人無法立足，只好帶著一部分部屬，投奔克烈部首領脫里汗。

報父仇

經過長期的東征西討，鐵木真的力量日益強大起來，他可以依靠自己的軍隊對外進行大規模的戰爭了。一二〇二年的春天，鐵木真的目標是塔塔兒的兩個主要部落：察罕塔塔兒、按赤塔塔兒，收拾了這兩股力量，就可以稱霸草原了。

爲了保證戰爭的勝利，也爲了一改從前作戰時貴族們貪搶財物，不聽指揮的弊病，在出征之前，鐵木真發佈命令說：「打仗的時候，不許搶掠財物，把敵人打敗

了，他們的東西都歸我們所有，那時大家再分用。作戰需後退時，應退向原陣地，退回後不肯再返身力戰者，全部斬首！」於是軍紀嚴整，戰鬥力大增。接連和塔塔兒部落交戰了幾次，鐵木真的軍隊占了上風。塔塔兒部落被打得一敗塗地，潰不成軍。

勝利之後，鐵木真召集齊宗族，和他們秘密商議說：「塔塔兒部落的仇恨，我是一直牢記在心的，今天幸虧戰勝了他們，俘虜了他部落裏的所有百姓，現在我要把所有的男子全部殺光，所有的婦女由各家族分配，作爲奴婢使用，才能稱得上是報仇雪恨。」大家齊聲贊同。會後，別勒古台把商議的事情告訴了塔塔兒部落的也客扯連。

塔塔兒部落的人得知自己遲早都是死，索性拚出性命，去攻打鐵木真的營帳，殺一個夠本，殺兩個就賺一個，虧得鐵木真早有防備，急忙命令部下頑強抵抗，塔塔兒部落的人看見勝他不過，就一哄而散，撤退到了一座大山下面，倚靠著山勢，安營紮寨，準備誓死不屈。

鐵木真率領軍隊猛烈進攻，足足相持了兩天，才把敵方山寨攻破。當時，塔塔兒部落的人，都手執一把尖刀，向鐵木真率領的軍隊亂殺亂砍，彼此都傷亡慘重，幾乎各占一半。真是所謂一夫拚命，萬夫難敵。這樣直到塔塔兒部落的強壯男子全部傷亡，鐵木真的軍隊也死傷慘重。

戰爭結束後，鐵木真清查洩露軍機的人，原來是別勒古台，就命令別勒古台去捉拿也客扯連。別勒古台報告說也客扯連查無下落，鐵木真不待他說完，便發怒說：「因爲你洩漏了一句話，連累無數人馬傷亡，以後凡是軍隊商議大事，你再也不准進來！」別勒古台唯唯聽命。

姐夫妹夫同一人

捉不到也客扯連，別勒古台卻捉到了也客扯連的女兒。只見她衣衫不整，頭髮蓬鬆而零亂，膽戰心驚地跪在地上。鐵木真厲聲問道：「你父親殺害了我們那麼多人，就是把他碎屍萬段，也不足以賠償我軍將士的生命。你既是他的女兒，也應該斬首示眾！」那個女人聽了，渾身顫抖不已，勉強說出了「饒命」兩個字。

誰知女人才一開口，那種天生的美妙聲音，富有磁性和魅力，讓鐵木真頓時產生了憐愛之心，不禁觸動了情思，就對她說：「你想讓我饒命嗎?抬起頭來，讓我好好看看！」只見她滿面愁雲，雙眼含淚，像是帶雨的海棠，又像是春風中搖擺不定的楊柳，嫋嫋婷婷，楚楚動人。

鐵木真不禁暗想道：「像她這樣俊俏的臉龐，恐怕連我的夫人也趕不上她這麼美麗迷人。」隨即對她說：「要我饒你的命並不難，除非你願意給我當小老婆！」那個女人說：「如果你能夠免除我的懲罰，我願意聽從你的安排！」

鐵木真剛進臥室，美女已經沐浴結束。草原上的美女，略施淡妝，透露出草原般天然的氣息，像一幅畫，是一首詩，是一曲迴盪在茫茫草原的牧歌。

鐵木真柔情地問美女說：「你叫什麼名字？」美女低聲地回答他說：「我叫也速干。」鐵木真讚美道：「好一個也速干，一個蒙古草原的大美女！」也速干羞澀地低著頭，削蔥根般的手指，慢慢地撫摸著腰帶，處女的嬌羞，春花一樣的容顏，縱使是高明的畫師也難以描繪。

鐵木真和她並排坐著，對她說：「別勒古台洩露了軍事機密，使你父親也客扯連發動暴動，造成大量人員傷亡，實在是罪大惡極，他的死也是罪有應得，你會因這件事埋怨我嗎？」也速干說：「事情已經過去了，就不必再提了，心裏也不敢埋怨。」

鐵木真聽了，笑著對她說：「你如果只當我相好，那樣就會委屈大美人了，我今晚就任命你一個夫人的職位吧！」也速干聽了，連忙跪下去，向鐵木真表示真誠的感謝。

鐵木真這時和她開懷暢飲，慶祝戰爭的勝利，祝願美好的姻緣，說不完的情話，表不盡的柔情，從傍晚開始，一直喝到月亮升上了天空。

第二天早晨，也速干經過自己精心的妝扮，更顯現出迷人的風韻。鐵木真睜開雙眼，瞧著她的面龐，被也速干美麗的容貌迷住了。也速干見了，不覺嫣然一笑，說：「昨晚看了一夜，還沒有看夠嗎？」

鐵木真說：「你美麗的容貌，像天空的彩雲，真令人百看不厭！」也速干說：「一個堂堂的部落首領，眼界就這麼小，對我這平常的模樣，就魂不守舍，如癡如醉，如果見了我的姐姐也遂，恐怕就要愛得發狂了！」鐵木真一聽精神來了，連忙問她說：「你的姐姐真有那麼美麗非凡嗎？我一定找到她。」

鐵木真命親兵去尋找也遂。鐵木真看見她面龐冰清玉潔，像剛出水的芙蓉，雙眼清澈，像秋天的水波迴盪，皮膚猶如凝結的玉脂，光潔而豐潤，脖頸猶如鮮嫩的菱藕，潔白而又清新，她的容貌很像也速干，但她的綽約風姿，與也速干相比，更顯得風情萬種，難畫難描。

也速干邀請姐姐一齊嫁給鐵木真。也遂說：「爲什麼叫我嫁給那位仇人？」也速干對她說：「我們塔塔兒部落的人，過去毒死他的父親，結下了仇恨，所以今天才遭

到鐵木真的報復。鐵木真現在身分顯赫，生活富貴，我們嫁給了他，遠遠勝過嫁給那些亡國奴！」也遂聽了，默然無言，估計動心了。

鐵木真邁著高貴的步伐，春風得意地走進臥室。也遂連忙躲避到妹妹的背後，沒想到妹妹反而把她推了出來，正與鐵木真撞了個滿懷，鐵木真順手抱住，也速干也乘機出去。

次日，鐵木真進入軍帳，處理軍機大事，叫也遂陪伴在右邊，也速干陪伴在左邊。部落裏各位將領紛紛前來慶賀。鐵木真一下子得到兩位美女，感到非常高興。

宴會上一個青年站起來說道：「我是也遂的丈夫。」鐵木真發怒說：「你是我們部落仇人的子孫，我不來捉拿你，你反而自己來送死，軍士們立即把他推出去，斬首了事！」不多一會兒，就把斬下的首級送了上來。

也遂見那青年被殺，禁不住雙眼流淚，痛苦萬分，退入營內帳篷裏，她嗚嗚咽咽地哭了很久，也速干在旁勸說許久，她才止住淚水，停止了哭泣。後來隨著時過境遷，舊情淡忘，也就樂得安享榮華富貴了。

人間蒸發

統一蒙古草原，需要強大的實力。在鐵木真的羽翼豐滿之後，他面臨的形勢是，如何與更加強勁的對手決一高低，獨霸草原。鐵木真佔據蒙古草原之東，與他相鄰的是地處高原中部的克烈部脫里汗，脫里汗的西邊是乃蠻。最後統一高原的戰爭，首先在鐵木真和脫里汗之間展開。他們之間的危機一觸即發了。

脫里汗部落大肆搶掠蔑里吉部落，得到了無數男女人口和牲畜，自己獨佔了革命果實，一個牧民、一根牲畜毛也沒有贈送給鐵木真。鐵木真對這件事忍了又忍，沒有向脫里汗發難，他還約脫里汗共同攻打乃蠻部落。脫里汗接受了鐵木真的約請，率領軍隊到來，兩軍會合後，整理好部隊，一齊出兵邊塞。

鐵木真與脫里汗部落軍隊再次攜手對敵，脫里汗也對鐵木真表態說，他非常願意同鐵木真再次聯合。結果第二天黎明，鐵木真率領的軍隊全部整裝待發，準備與敵人重新開戰，遠遠望見脫里汗部落的軍營，天空的飛鳥安靜地往來，不見軍隊的動靜，探子回報脫里汗軍營內，依然燈火通明，軍營裏卻空無一人！難道蒸發了？

鐵木真足智多謀，面臨突發事故，鎮定自若。後來通過間諜得知，脫里汗是因爲聽信札木合挑撥離間，說鐵木真這次戰爭後，必然會單幹，脫里汗因此不辭而別。這是札木合投降脫里汗後的結果。鐵木真因爲這件事雖然痛恨脫里汗，然而因爲他是誤信讒言，沒有對他發難。這是他們之間又一次產生矛盾。

Q 背叛的後果

過了不久，忽然有人報告說脫里汗的部落軍隊和牧民，被乃蠻和曲薛吾等部落的騎兵從後面追襲，搶劫了軍隊的物資和牧民，連他兒子桑昆的老婆孩子，也被搶劫去了。鐵木真說：「誰叫他背叛我，私自逃走？跟著我混怎麼會出現這種情況，真是自食其果，別搭理他，看他還能橫行幾時？」

事情正應了鐵木真的話，正談論著，脫里汗派遣使者，前來求援。鐵木真皺了皺眉頭說：「讓他進來罷！」使者拜見鐵木真，聽說鐵木真有四大能征善戰的天王將領，所以特地前來求援，請求出兵儘快解除戰爭危機。鐵木真聽了，不禁笑了起來，說：「上次聯合出兵陷我於不義，差點把我害死，還好意思張嘴？」

脫里汗派來的使者對鐵木真說：「過去是錯誤地相信了別人的讒言，做出錯事，不辭而別。如果貴部落願意再次派出部隊支援我們，幫助我們的部落首領解除危難，從此以後我們自然對你們感恩不盡，就是有十個、百個札木合，也無法說動我們，挑撥我們兩個部落之間的關係了。」

脫里汗派去的使者真是頗善辭令，把鐵木真說得口服心服。鐵木真聽了，對使者說：「我和您們部落首領的關係，情深誼厚不亞於父子，讒言害死人呀，現在既然軍情緊急，急需支持，我就派遣四員能征善戰的將領和你們同去，解除危難如何？」使者對鐵木真不計前嫌，義不容辭解除危難的作風即敬佩又感恩不盡。

增援軍隊到了阿爾泰山附近，就遠遠地聽見廝殺聲驚天動地，鼓角聲響徹雲霄，那時脫里汗已經喪失了兩位將領，首領桑昆的馬腿中箭，險些被敵人活捉。正在危急的時候，木華黎等將軍迅速趕到，救出了桑昆。乃蠻等人長時間征戰廝殺，也不免勞累乏力，怎麼頂得上一支如狼似虎的蒙古軍。

脫里汗、鐵木真在土兀剌河岸，擺設酒席，相互祝賀，兩個部落的首領和民眾，關係融洽，氣氛友好。雙方在此訂立和約，約定遇到戰事，共同對敵。不能再聽信離間的讒言，有事面談或直接聯繫，才能相信。鐵木真就認脫里爲義父，桑昆爲義弟，告別了對方，返回自己的家。

求婚遭拒

不久，鐵木真想與脫里汗部落通婚，以密切雙方的關係。想爲長子術赤，向脫里的女兒抄兒伯姬求婚。然而這個要求被桑昆拒絕了。鐵木真的求婚建議遭到拒絕，感覺很沒面子。

桑昆的兒子禿撒哈，想娶鐵木真的長女火真別姬。鐵木真認爲，只要脫里的女兒願意當自己的兒媳婦，自己的女兒也不妨嫁給脫里部落。但是桑昆很不樂意，憤怒地說：「我家的女兒如果嫁到他家去，身分低微；他的女兒如果嫁到了我家來，就面朝南面高坐著，身分高貴，這如何能行呢？」雙方未能就此問題達成共識。

婚事未達成共識，使鐵木真、脫里第四次產生矛盾和嫌隙。札木合一看離間的時機又成熟了，就蠢蠢欲動起來，暗地裏勾結阿勒壇、忽察兒和答里台三個人，夥同他們背叛鐵木真，投靠脫里汗。三個人過去對鐵木真就有點意見，這正是一噸火藥碰到一根火柴就夠了。因此在一二〇三年的春天，他們準備襲擊鐵木真。

襲擊

桑昆商議突襲鐵木真時，恰巧被前來送馬奶的牧人巴歹聽見了，他回去後告訴了同伴乞失里黑。而乞失里黑告訴鐵木真說：「桑昆言而無信，現在已經扣留下了你派去的使者，準備派出騎兵襲擊你。我對他的小人行爲非常痛恨，特地前來報告軍事變故。」

鐵木真得到乞失里黑和巴歹的情報之後，返回駐地已經來不及，立即召集他的部下，命令他們拋掉粗笨的東西，輕騎撤退，約在今東烏珠穆沁旗北境，駐軍休息。鐵木真弟弟合赤溫的兒子阿勒赤歹手下的兩個牧人赤吉歹、牙的兒負責放風，突然發現山前有大隊騎兵奔來，塵土飛揚，他們急忙報告鐵木真說：「脫里汗的軍隊追來了！」

鐵木真剛擺好陣形，敵人已經衝到了陣前，如果不是及早發現騎兵踏起的塵土，就要措手不及了。兩軍相對。兩面派札木合暗中派人去告訴鐵木真：「脫里汗部署了四支軍隊來進攻你。這個脫里汗手無縛雞之力，自己不能統率自己的軍隊。他連我都

揍不過，根本不是鐵木真大哥你的對手，所以你不必害怕！」

部下的勇氣

針對敵人的部署，鐵木真也加緊安排作戰方案。忙忽的首領畏答兒搶先喊道：「我來打頭陣，我將飛馳上前，把大旗插到敵人後方的山岡上去，顯一顯我的勇氣。我有三個兒子，如果我戰死了，請鐵木真安答把他們撫育成人！」術赤台帶也不示弱，他對鐵木真叫道：「那就讓我兀魯兀人和忙忽人一起爲鐵木真打頭陣！」

第二天黎明，敵軍浩浩蕩蕩奔馳而來，鐵木真召集部下將領商議應變對策。畏答兒勇敢地說：「兵在精，而不在多；將在謀，而不在勇。我們在危難的時候該多爲主帥考慮，我認爲，我們可以立即派出一支軍隊，從大山的後面繞到山的前面去，攻擊敵人的背後。再由主帥率領一支部隊，攔截住敵軍的前面，來個前後夾擊，這樣就能取勝！」

鐵木真需要的就是部下的勇氣，聽見有人主動請戰，心裏非常高興。鐵木真就命令術赤台帶率領先頭部隊，自己指揮後援部隊，一齊到大山前面排列成陣式，準備鏖子裏捉老鱉。這時畏答兒等人率領的軍隊已經繞出大山前面，正遇上脫里汗的先鋒首領只兒斤，他手裏執著大刀，迎面向前衝來。畏答兒提刀與他交戰。

只兒斤是一位有名的勇士，刀法純熟，非常英勇。畏答兒抖擻精神，奮勇向前，與只兒斤對戰，棋逢對手，將遇良才，兩員大將鬥得天昏地暗，難解難分。正在這時候，畏答兒部下的軍士，見主帥與只兒斤相持不下，也大刀闊斧，奮勇向前，朝只兒斤陣地衝殺過去。只兒斤的軍隊被緊緊黏住，不得不退了下去。

只兒斤一看勢頭不對，只得虛晃一刀，連忙奪路逃走了。畏答兒不想放走只兒斤，快馬加鞭，窮追不捨。折里麥也率領騎兵緊緊跟上。

這時脫里汗的第二批援軍又蜂擁而來，領軍的頭目叫作禿別干。只兒斤看見後援軍隊到來，又撥轉馬頭，重新殺入陣地。折里麥擔心畏答兒久戰力乏，連忙上前與敵將接戰。

脫里汗兵勢強盛，很難阻擋。畏答兒這時孤軍奮戰，禿別干乘機舉槍刺來，恰巧刺中了他的馬腹，那匹馬疼得受不了，把他掀倒地上。禿別干快馬加鞭，用長槍來刺畏答兒，沒想到前面突然衝來一員大將，把禿別干的槍桿挑開，嘩啦一聲巨響，連同禿別干的一支長槍，一齊飛向了天空。

來人是術赤台帶部下的先鋒兀魯兀，他力大無比，英勇非凡。他把禿別干嚇跑了，救出了畏答兒。兀魯兀去追禿別干，這時脫里汗部隊的第三批援軍又到了，爲首的將領叫作董哀。當時立即來截住兀魯兀，這又是一場惡戰，術赤台帶率領軍隊去增援，全軍將士奮勇向前，把董哀率領的軍隊殺退。

脫里汗部落的勇士火力失烈門，又率領第四支援軍到來。真是險象環生，事態突變。董哀軍隊無法抵擋，只得向後退去，術赤台帶大喝一聲，說：「你們這些殺不盡的菜鳥！快快上來試試我的寶刀，都來送死罷！」火力失烈門也不和他答話，手提雙錘惡狠狠地衝過來，和術赤台帶打了起來。

術赤台帶見火力失烈門來勢兇猛，連忙用槍一擋，覺得他的雙錘沉重，難以招架，知道他勇力非凡，就格外小心留神，與他奮勇廝殺，他們就這樣大戰了好幾回合，也不分勝負。這時面前出現了帥旗，火力失烈門知道鐵木真親自到陣前督戰，就丟下了術赤台帶等人，直接追向鐵木真，妄圖捉拿鐵木真。

博爾術和博爾忽兩員大將，見火力失烈門衝向鐵木真，急忙上前對敵。勇士雙雙迎戰火力失烈門，也只不過殺個平手，這時惹惱了鐵木真的兒子窩闊台，他挺身而出，用北斗三星陣把火力失烈門團團圍住。火力失烈門眉頭一皺，向博爾忽當頭一錘，打開個缺口，趁這個機會，跳出了包圍圈，逃跑而去。

博爾術緊跟在後面追去，火力失烈門把博爾術引入自己的大軍中，又掉轉身來和他迎戰，頓時全軍齊上，把博爾術等人團團圍困在軍營核心中。博爾術等人這時雖然已經知道中了敵人奸計，但也無可奈何，只得拚命戰鬥，決心與敵人拚個你死我活！這次戰爭危機四伏，變幻莫測，驚心動魄。

桑昆正得意忘形，命令全軍將士說：「今天不活捉鐵木真，不停止戰爭！」他的話剛說完，忽然有一支箭向他射來，不偏不倚，正好射在桑昆的臉上。桑昆大叫了一聲，就向後倒下，伏在馬鞍上連忙逃走，所謂射人先射馬，擒賊先擒王，大家一看首領受傷了，紛紛撤退。

鐵木真的狙擊手術赤台帶射出的箭，剛好射中目標，看來射人先射頭兒的辦法真的很好使。鐵木真軍隊將士趁勢追趕逃跑的桑昆。桑昆軍隊也能征善戰，臨危不亂，一邊作戰，一邊有條不紊地撤退。術赤台帶率領騎兵追趕了一段路程，擔心前方遇到敵人埋伏，就半路撤回來，率領軍隊回到大本營。

鐵木真望見敵人的軍隊漸漸退去，也命令各將軍別追了。這時畏答兒抱著自己的腦袋，狼狽不堪地返回營地。鐵木真問他是什麼原因，畏答兒回答說：「我聽到撤軍

的命令後，在軍隊後面截擊敵人殿後時沒有穿盔甲，沒想到腦後被亂箭射中，疼痛難忍，只得抱頭返回。」

鐵木真見畏答兒傷勢很重，不禁流淚地說：「我軍的這場以寡敵眾，以少勝多，僥倖轉敗爲勝的血戰，是你的勇敢激起了全軍將士的勇氣所得。你不幸被流矢射中，我非常痛心！」鐵木真親自爲畏答兒的傷口敷藥，讓他在驛站休養。

失而復得的兒子

天亮了，鐵木真清點人馬，發現少了他的第三個兒子窩闊台，還有他的兩個忠實隨從博爾忽和博爾術，鐵木真望著茫茫的原野，心情沉重地說道：「他們三人掉隊了。他們生則同生，死則同死啊！」爲了防備敵人的追擊，鐵木真下令做好迎戰準備，同時耐心地等待掉隊的三個人。

過了一會兒，從遠方來了一個騎士，馬上只有一個人，但除了騎士的兩腿之外，似乎還有另外一個人的兩腿從馬上垂下來，騎士走近了，是博爾忽，他的馬上還放著脖子受傷的窩闊台，博爾忽的嘴角上染滿了血，這是因爲窩闊台的脖子在戰鬥中受了傷，博爾忽用嘴吸吮窩闊台傷口的淤血造成的。

一會兒，博爾術也回來了。鐵木真喜出望外，拍著胸脯問博爾術的遭遇。博爾術回答道：「作戰時我的馬受傷了，跌落在地上。我正徒步跑著，發現桑昆中箭負傷，克烈人都聚攏到他那裏去救援。我乘機捉住一匹馱東西的馬，用刀子把捆馱物的繩索割斷，這才騎上馬，循著蹤跡尋到這裏。」戰亂之中，他們的聯絡方式都失靈了。

原來博爾術、博爾忽和窩闊台，被火力失烈門帶兵團團圍住，在這萬分危急的時候，幸虧術赤台帶射中桑昆，鐵木真部隊將領奮勇上前，困住了桑昆。他們才能趁機逃跑。窩闊台的脖頸上混戰時中箭，鮮血直流，博爾忽連忙將他脖頸上的淤血吸吮乾淨，選一個僻靜的地方，歇了一個夜晚，才返回營地。

鐵木真看到這個情景，難過得流下淚來。他一面下令燃起火來，用燒燙的鐵來治窩闊台的傷口，取來水給窩闊台喝，一面讓軍隊嚴陣以待，隨時準備應戰。

博爾忽從外邊回來告訴鐵木真：「剛才我往這裏來的時候，看見卯溫都兒山前塵土飛揚，聽見馬蹄聲響，敵人軍隊已經朝那個方向撤退了。」鐵木真才安下心來，指揮軍隊向其他方向轉移。這就是著名的哈闌真沙陀之戰，是鐵木真一生中經歷的最爲艱苦的戰鬥，許多年以後，蒙古人仍津津有味地講述戰鬥的情景。

重遇舊情人

草原上最強大的霸主脫里汗以及依附於脫里汗的許多蒙古部與鐵木真展開爭霸，敵眾我寡，級別懸殊，儘管他的勇士消滅了不少敵人，但是自己的傷亡也十分慘重，他不得不調整戰略方針，尋機再起。脫里汗錯過了消滅鐵木真的最佳時機，一方面是由於他懦弱無能，被鐵木真的氣勢嚇住；另一方面還因為聯合集團內部人心不齊。

鐵木真趕緊追擊，想趁此機會消滅泰赤烏部落，就讓脫里去追擊札木合，自己親自帶領軍隊去追擊泰赤烏部落。泰赤烏部落首領阿兀出把阿禿兒，看見鐵木真從後面追了上來，就連忙召集那些殘兵敗將，轉身來迎戰鐵木真軍隊。但是掉頭容易，扭轉時局困難。不中用的兵將有的被鐵木真的軍隊殺了，有的被俘虜和搶劫了過來。

鐵木真忽然想起了鎖兒罕失刺對自己有深厚的友情，就親自去尋找鎖兒罕失刺。他突然聽見有呼救聲：「鐵木真快來救我！」聲音清脆悅耳，委婉動人。鐵木真抬頭望過去，他看見一位穿著紫色衣衫的女人。原來是合答安，她比過去顯得更加成熟了，丰采迷人，紅紅的臉蛋像天邊初升的朝霞，動人的眼睛像天空的明星。

鐵木真問合答安說：「你怎麼到了這裏？」合答安回答說：「我的丈夫在軍隊犯錯，逃跑了，我看見你騎著馬來到這裏，就叫你來救我！」鐵木真聽了非常高興，說：「趕快跟隨我到前面去！」鐵木真和合答安意外相逢，恰好滿足他多年的願望。鐵木真一邊和合答安說話，一邊詛咒她的丈夫已經身亡了。

合答安在行走途中，還不停地嘮叨著，叫鐵木真爲她尋找丈夫。晚上在軍帳裏安排酒筵，鐵木真挽著合答安的手並排坐在一起，開懷暢飲。合答安初次到來，嬌羞滿面，更顯風韻，不好意思坐下來，只是在鐵木真的旁邊站著侍候。

鐵木真見美女站在旁邊，慾火中燒，情不自禁，終於忍耐不住，就伸出有力的雙手，把她摟入懷中，叫她坐在自己的膝蓋上，便說：「我過去在你家避難，多蒙你殷勤地對待我，讓我得以逢凶化吉，上天有眼，讓我又和你幸福地重逢，看來這也許是前世的姻緣。」

合答安說：「我有丈夫，你也有了妻子。」鐵木真說：「我現在是一個部落的主人，多娶幾個美麗的夫人，有什麼關係？你的丈夫，聽說已經被亂軍殺死了，連個全屍都沒保留，現在就剩下你孤身一人！」合答安聽說自己的丈夫已經死去了，不禁流下了眼淚。

鐵木真說：「人已經死了，死人是不能活過來的，何必用死人的痛苦折磨活著的人呢！」他一邊說著話，一邊溫柔地替合答安擦去了滿臉的淚水。

合答安眼前的鐵木真，是魁梧高大，南征北戰，所向無敵的曠世英雄，比以前那位丈夫強多了。她心中像有小鹿兒在心中亂撞，又欣喜，又羞怯，心慌意亂，不知所措。

鐵木真再次見到心儀已久的美女，心滿意足，喝起酒來也格外有勁，酒量也變得大了起來，一口氣就喝了幾大碗。

鐵木真拜見岳父說：「你曾經對我有大恩大德，我今天應該報答你！我不是忘恩負義的人，你老人家完全放心！」鐵木真把鎖兒罕失剌的兒子收爲大將軍，把鎖兒罕失剌的女兒收爲自己的夫人，也算是鐵木真對鎖兒罕失剌的報答。

Q 天上只有一個日月，地上如何有兩個主人？

合蘭真沙陀之戰是鐵木真第一次單獨指揮與當時蒙古草原上最大的貴族勢力進行較量，雖然暫時失敗，蒙受了重大損失，但是作爲草原霸主，他並未動搖與脫里汗再戰的決心。他一面遣使歷數脫里汗背盟棄約諸事，表示重新和好的願望，一面收集部眾，休養士馬。

一二〇二年秋，鐵木真集中優勢兵力，先派敢死隊衝在塔塔兒部前面攪和一通，打他個措手不及，很快就消滅了老仇敵塔塔兒部。一二〇三年秋，鐵木真襲擊了一直與自己爭戰不休的脫里汗的金帳，脫里汗父子被打敗。脫里汗隻身一人想投奔乃蠻部，在乃蠻邊界被邊將當作奸細給殺了，脫里汗的兒子桑昆也猝死異鄉。

克烈部徹底垮台了，蒙古草原出現了蒙古與乃蠻兩大對立陣營。一向被乃蠻視爲落後的「歹氣息，衣服黑暗」的蒙古人，居然把強大的克烈部消滅了。此時，太陽汗意識到鐵木真下一步要與他進行終極對決了，「天上只有一個日月，地上如何有兩個主人？」於是，太陽汗決定出兵攻打蒙古。

一二〇四年陰曆四月十六日這天，鐵木真祭旗出征乃蠻。雙方交戰後，一匹肚子上拖著反轉過來的鞍子的瘦馬跑到乃蠻軍中，被乃蠻人捉住。乃蠻人見到蒙古軍的瘦馬，仰天長嘯說：「他們的馬瘦，人也不怎麼樣，沒什麼可怕的。」的確這次乃蠻不僅人數眾多，而且得到了鐵木真舊日仇敵札木合的援助。這對鐵木真軍隊是個考驗。

面對敵眾我寡的形勢，扯兒必官朵歹提議說：「我們的兵少，而且遠道而來，人

疲馬乏。可先在這裏駐紮，餵飽戰馬。乃蠻雖然人多勢眾，但是太陽汗是個沒有見識的愚弱蠢貨。不妨先用火攻威嚇他，讓他手忙腳亂，待我們餵飽戰馬，再行進攻，直指他們的中軍大營，這樣如何呢？」鐵木真十分贊同他的建議。

鐵木真下令點火。全軍每人點起五堆火。乃蠻哨兵望見滿川的篝火，趕緊報告太陽汗：「誰說蒙古人少？他們的軍隊佈滿了薩里川，夜間他們燃起的火，比天上的星星還多。」這時太陽汗正駐在合池水，派人對兒子屈出律說：「蒙古人的馬瘦，但人數不少，他們的篝火比星星還要多。」看來障眼法對這個紙上談兵牌大汗奏效了。

太陽汗的部下認爲：應該乘蒙古人的馬瘦之時，整頓軍隊引誘他們上來，待到達阿爾泰山麓時，再和他們開戰。這叫鬥狗之法。這不失爲一種穩健的計畫。但是屈出律聽到這些話，竟暴怒起來，他嘲諷自己的父親：「太陽汗像無知的婦人，沒有遠見。」

太陽汗終於被屈出律的話激怒了，他狠狠地說：「反正是個死，既然這樣，我們開戰吧！」於是揮軍從合池水前進，渡過斡兒寒河，來到納忽山崖前。哨兵向鐵木真報告：「乃蠻人來了。」鐵木真下令：「乃蠻人進攻，來一個殺一個，來兩個殺一對，讓他們在閻王路上有伴。」遂擊退了敵人的前哨，然後重新做戰鬥部署。

鐵木真親自做先鋒，命令合撒兒率領中軍，斡赤斤帶兵做後備。於是蒙古軍隊一浪高過一浪地衝向納忽山崖前。

蒙古猛男秀

太陽汗望著衝上來的蒙古人，問身邊的札木合說：「那個如入羊群，驅逐群羊的狼一般的戰士是誰？」札木合回答：「是鐵木真安答用人肉養育、用鐵索拴著的四大名捕：哲別、忽必來、者勒篾、速不台。」

札木合又接著說：「他們有銅一樣的頭，鑿一樣的齒，錐子似的舌，鐵一樣的心。他們以環刀爲馬鞭，掙脫了鐵索，流著饞涎，飲露騎風，歡天喜地來捕食了。」太陽汗感到十分緊張，說：「那樣的話，還是離那些軍隊們遠一點好。」

太陽汗從山前後退往山坡，他又問札木合：「前面跳躍而來的人是誰？」札木合答道：「他們是兀魯兀、忙忽人，他們勇敢善戰，一打仗就上癮，」太陽汗叫道：「那他們打起來豈不是停不下來了，還是離那些傢伙們遠一點。」於是再往高處退去。

在高處，太陽汗指著蒙古軍隊再問札木合：「那後面像餓鷹似的繼續趕來的人是誰？」札木合說：「那就是我的安答鐵木真，他身穿鐵甲，渾身連錐刺的空隙都沒有，餓得跟狼掏了一樣，翱翔而來找食物，好似怒獸，撲跳而來！」太陽汗驚叫道：「媽呀，我們還得往上退！」

太陽汗問札木合：「來勢甚眾的是誰？」札木合告訴他：「是訶額倫夫人用人肉養育的兒子合撒兒。他身高三丈，一頓能吃一頭三歲的牛，披掛三重盔甲，駕著三頭犍牛而來了。他一口吞下帶著弓箭的人，一座山都塞不住他的喉嚨，他發怒時射出的箭，能把山後邊的人射穿。」太陽汗嚇得愈發魂不守舍。

太陽汗問札木合：「後面來的是誰？」札木合說：「那是訶額倫夫人的幼子，名字叫斡赤斤。雖然他睡到太陽曬到屁股還不起來，但爭鬥時從不退縮，從不落後。」太陽汗一直退到山頂。札木合向他繪聲繪色地描述不斷殺近的蒙古猛男，太陽汗已被嚇得完全失去了指揮作戰的能力。

札木合看到了太陽汗那熊樣，感到毫無勝利的希望，歎息道：「一開始乃蠻人發動進攻，把蒙古人看成小羔羊，揚言連他們的蹄皮也不留下。現在看來，自己才是笨蛋一個，軟弱無能，完全不是那麼回事！」所以他在恐嚇太陽汗之後，便帶領自己的人馬遠離戰場而去。

札木合在離開太陽汗之後又派人去告訴鐵木真說：「太陽汗聽了我嚇唬小孩的話，已被嚇得發昏，他爭著爬上山頂了，已完全喪失了鬥志。我已經離開了他，鐵木真安答，你要小心從事！」傍晚時分，鐵木真的軍隊包圍了納忽山。

軟得跟麵條一樣的太陽汗

傍晚時分，太陽汗已是遍體鱗傷，動彈不得。他躲在難以攀登上去的山坡上，只有豁里速別赤等幾名將領跟隨著他。他幾次想爬起來繼續作戰，但由於傷勢沉重，無能爲力了。將領們企圖使太陽汗振作起來。豁里速別赤說：「太陽汗啊，起來，讓我們去廝殺吧！」太陽汗聽見了，軟得跟麵條一樣，一動也不動。

將領們對太陽汗很失望，狠狠地說：「讓我們在他面前廝殺吧，讓他看我們戰死吧！」說著衝下山坡激戰，直到全部戰死。鐵木真很驚奇，對他們的堅貞忠誠讚不絕口。

夜裏，在蒙古軍的追擊下，眾多乃蠻士兵爭相逃跑，因極端驚恐，無數士兵從納

忽山的懸崖上跌落。太陽汗被擒拿，因傷勢過重立即喪命。

鐵木真收降了乃蠻殘眾。札木合逃走了，跟隨他的札答闌、朵兒邊、台答斤、散只兀、塔塔兒等殘餘部眾，也都投降了鐵木真。

太陽汗的兒子屈出律帶著幾個人逃出，逃到泰咪兒河時，蒙古的追兵也趕到了。屈出律用人體建成山寨抵抗，一個回合不到，他就潰不成軍，跟爛泥一樣不能糊牆，只好繼續奔逃，一直逃到他的叔叔不欲魯汗那裏。自恃文明、強大的乃蠻部，在鐵木真的打擊下頃刻便土崩瓦解了。

皇后也改嫁

鐵木真率領軍隊對屈出律窮追不捨，路過乃蠻部落原來駐地的時候，鐵木真大軍把那裏的所有人口和牲畜，全部奪取了過來，當天鐵木真升起軍帳，先叫人把太陽汗從外面推了進來，鐵木真只是簡單地詢問了幾句話，太陽汗這時嚇得尿褲子了，也傷勢嚴重。鐵木真笑著對他說：「這人是個軟蛋，留他在軍中沒用。」

將士們把太陽汗的皇后古兒別速獻給了鐵木真。她不等鐵木真開口問話，就豎著漂亮的柳葉般的眉毛，振作起珠圓玉潤的聲音，對鐵木真說：「你這個可恨的野蠻人！毀滅了我的部落，殺死我的丈夫和主帥，我也被你捉拿了過來，做鬼也不放過你，何必多問別的。」說著，乘別人不注意的時候，把頭向案桌上撞去。

結果可想而知，古兒別速沒能保全她的名譽和節操。鐵木真迅速舉起有力的雙手，順勢把她的頭托住，這時他突然覺得一種奇異的芬芳沁入心脾，不覺讓人沉醉。鐵木真仔細看上去，發現古兒別速的鬢毛像蟬翼一樣輕盈，髮髻像烏鴉一樣漆黑，油光可鑒，光彩照人。

鐵木真捧起古兒別速美麗可愛的面龐，更顯得目醉神迷，古兒別速明亮的眼睛像秋水一樣明澈，一下把人誘到萬丈深淵，臉龐像朝霞一樣燦爛，雖然由於歲月的流逝，臉龐上略帶著幾絲輕微的皺紋，但成熟女人別有風韻，更顯得楚楚動人。

鐵木真禁不住失聲對古兒別速說道：「你仇恨我們這些野蠻人，我現在偏要你做我這個野蠻人的媳婦。」古兒別速拚命把頭移開，可是她哪裏扭得過鐵木真呢。於是一邊流下痛苦的眼淚，一邊回答說：「我原來是乃蠻部落的皇后，怎麼肯做你的小老婆？」

從古兒別速的話語中，鐵木真發現她的心開始軟了。鐵木真接著對她說：「你如

果不肯做我的小老婆，這有什麼難的！我讓你做皇后如何？」古兒別速聽了這句話，立即深情地望了鐵木真一眼，又害羞地低著頭。

鐵木真知道火候正好，古兒別速芳心已經動搖，有心跟他。就暗示那些剛投降過來的婦女們，把她簇擁著帶入軍帳中，他一邊處理俘虜，一邊安排牲畜和宴會，準備與古兒別速舉行婚禮。當晚，就在乃蠻部落原來的軍帳中，同古兒別速舉行了結婚儀式，儀式指揮是純蒙古司儀，具有濃郁的民族色彩，喜慶而熱烈。

晚宴上將士暢飲，慶祝戰爭的勝利。古兒別速重新當上了皇后，充分享受到了無上的榮耀。她也忘記了曾經的磨難和誓言。

在鐵木真與太陽汗激戰的時候，篾兒乞首領脫脫和他的兒子們乘機逃脫。鐵木真在收服了乃蠻之後，立即率軍追擊，在合剌答勒忽札兒地方追及脫脫，脫脫拚死抵抗，終究敵不過鐵木真的乘勝之師，又退到薩里川，在那裏再次被打敗，大部分部眾都投降到了鐵木真的蒙古部落。

蔑兒乞及其所屬的布魯赫軍隊都被鐵木真征服了，其中包括兀都亦惕篾兒乞、麥古丹、脫脫里、只斤等部，脫脫之子忽都的兩個妻子禿該、脫列哥那也被捉獲，鐵木真將脫列哥那給了第三子窩闊台爲妻，她就是史書上所說的乃馬真氏大皇后，她生了貴由汗。在蒙古史上曾起過重大作用。

不流血的死亡

現在，能和鐵木真抗衡的強敵只剩下札木合了，然而札木合的強盛已是昨日黃花。在脫里汗、太陽汗相繼滅亡之後，他已經很害怕，猶如喪家之犬，在爭霸草原的過程中，札木合曾經是蒙古部最有實力的人物，鐵木真一度是他的附庸。札木合糾集各部力量，與鐵木真、脫里汗打起持久戰，然而一再吃敗仗。

札木合失敗後，開始是投靠脫里汗，離間脫里汗與鐵木真的關係，脫里汗滅亡後他又投奔太陽汗，至此他的部眾都說他沒主見，紛紛離他而去，只有五個心腹跟隨著他。札木合等六人逃到儻魯山即今天的唐努山，一貧如洗，有時候還需靠打獵爲生。

一天，他們打到一隻大羊，殺了燒著吃，札木合一邊吃一邊問那可兒們說：「你們是窮人的兒子，今天能吃到這樣的羊肉，難道還不滿足麼？」心腹們本來對跟著札木合忍饑受苦已經心懷不滿。現在聽到札木合的挖苦語言，頓時憤怒起來，乘他低頭吃羊肉的時候，一擁而上把他捉了起來，先揍一頓，然後送到鐵木真處請求投降。

鐵木真趕走了屈曲律等首領，擔心路途遙遠，將士勞苦，不想窮追不捨，就下命令停止追擊，率領大軍返回原地。這時他聽說札木合被將士捉拿了，鐵木真立即召見報告情況的人。來人報告說：「我是札木合的僕人，因爲懼怕主帥鐵木真的威名，不敢把札木合私自藏匿起來，所以就把他捉拿送來，請求主帥懲治。」

鐵木真聽見軍帳外喧鬧起來，左右的將士回答說：「札木合在外面要求見主帥呢。」鐵木真問道：「他想說什麼？」左右回答說：「他說老鴉不能捉拿鴨子，奴婢也沒有資格捉拿主人。」鐵木真想了想，點頭說：「說的不錯，人畢竟是有等級差別的。」就命令左右的將士把送札木合的人綁了，當面把那個僕人殺了。

鐵木真叫合撒兒向札木合傳話說：「我們本來有很久的交情，我過去曾經受到過你的恩惠，我至今也銘記不忘。你爲什麼投奔別人？不如跟我好好幹吧！」札木合嘆惜了一聲，說：「我過去曾經和你們的主帥有交情，情意深厚，後來因爲被別人挑撥離間，不如讓我自行了斷吧！」

鐵木真按照蒙古貴族的規矩，下令按對待貴族的方式，賜予札木合不流血而死。這是因爲蒙古人認爲靈魂居於血液之中，不流血就保住了靈魂。到這時，遼闊的蒙古高原絕大部分都處在鐵木真的統治之下，鐵木真才有了他自己的獨立的可汗地位，他順應統一的大勢，艱苦創業，克敵制勝，終於取得了成功。

Q 成吉思汗人生最快活的事

宋寧宗開禧三年，即一二〇六年冬日，鐵木真召集各個部落首領到斡難河參加大會，樹起了歷史很古老的九足白徽的旗幟，蒙古族俗稱這種旗幟爲察干蘇勒德，象徵王權和軍威，旗幟在草原大風中飄揚。在軍帳的正中坐著八面威風的鐵木真，他的兩旁侍衛林立，防衛森嚴，各部落首領依次先後進帳拜見，互相慶賀戰爭的勝利。

合撒兒高聲說道：「我的哥哥聲名遠播，功德超人，怎不能做個更大的首領？我聽說中原有個皇帝，我哥哥也稱皇帝！」各部落的首領聽了，都歡聲雷動，群情振奮，一齊高呼皇帝萬歲！闊闊出說：「皇帝不能沒有尊號，如果依從我的建議，可以加上『成吉思』三個字，就更好了！」鐵木真也很喜歡會說話的。

於是，鐵木真選擇了吉日良辰，舉行祭告天地的儀式，登上了大汗的寶座，自稱成吉思汗。「成吉思」是蒙古語的譯音，譯成漢語就是：成就是大的意思，吉思，是最大的意思。後來又在杭愛山下，修建了氣勢雄偉的都城，成吉思汗審時度勢，把地

名叫作喀喇和林。

古代蒙古人薩滿教的巫師代天發表講話，他的話被看作神聖不可違逆。他屢次對鐵木真說過：「最高的主讓你統治大地。」現在他的預言應驗了，於是他向鐵木真說：「你是最高的君主，最高的主命你採用成古思汗的稱號，成是強大、堅強的意思，成言思汗就是最高君主或草原王中王。」從此鐵木真便獲成吉思汗這個稱號。

後世的蒙古人對成吉思一詞的解釋，又添加上了美麗的神話色彩。他們說，在鐵木真即汗位的前三天，每天清晨有一隻五色鳥落在屋前的方石上，布穀鳥似的，響亮地鳴叫：成吉思，成吉思。於是以吉祥之鳥的鳴叫聲稱鐵木真爲成吉思汗，這一稱號名揚四海。

成吉思汗登上大汗的交椅以後，大量封賞有功之臣，除了他的兄弟封賞爲王以外，因爲木華黎的立功最多，博爾術的立功居於第二位，成吉思汗就分別封賞他們爲左萬戶和右萬戶的官職，其他各位將領，也根據他們立功的大小，給予相應的封賞，一共有九十五個人，都被封賞了千戶的官職。

成吉思汗封賞完了有功之臣，讓在場的人討論什麼是最快樂的事情。成吉思汗看了看各位大臣，對他們說：「人生中最快樂的事，都不如殺死和消滅仇敵，以排山倒海、摧枯拉朽的磅礴氣勢，搶奪他們的駿馬，獲得他們的財物，並且把他們的妻子和女兒都全部搶劫過來，叫她們陪伴著睡覺，這才是人生中最快活的事！」

怯薛軍

成吉思汗分封完千戶、萬戶之後，馬上著手擴建中軍護衛怯薛軍。由於怯薛軍分四班輪番入值，習慣上稱爲四怯薛。正在執行任務的護衛人員叫怯薛者，從事宮廷服役的怯薛歹稱爲怯薛執事。怯薛歹是從萬戶官、千戶官、百戶官、十戶官及自由民的兒子中挑選，這說明成吉思汗十分注意保障這支隊伍。

成吉思汗規定，怯薛軍的主要職責有三項：一是護衛大汗的金帳；二是「戰時在前爲勇士」，充當大汗親自統率的作戰部隊；三是分管汗廷的各種事務。因此可以說，成吉思汗建立的怯薛軍既是由大汗直接控制的常備武裝，又是一個分管中央日常事務的行政組織，它已經發展成爲蒙古汗國龐大的統治機構。

成吉思汗給了怯薛軍們優越的地位：怯薛者的地位高於在外的千戶官；從者的地位在百戶官、十戶官之上。成吉思汗建立這樣一支強大的護衛軍，對維護汗權、鞏固

新生的統一國家、防止氏族貴族重新發生內戰，是十分必要的。當然，它也是成吉思汗對外征服戰爭的有力工具。真是進可攻，退可守綜合性集團人才。

蒙古族原來沒有文字，只靠結草刻木記事。在鐵木真討伐乃蠻部的戰爭中，捉住一個名叫塔塔統阿的畏兀兒人。他是乃蠻部太陽汗的掌印宮，太陽汗尊他爲國傅，讓他掌握金印和錢穀。鐵木真讓塔塔統阿留在自己左右，「是後，凡有制自，始用印章，仍命掌之」。

不久，鐵木真又讓塔塔統阿用畏兀兒文字母拼寫蒙古語，教太子諸王學習，這就是所謂的「畏兀字書」。從此以後，蒙古汗國的文書，「行於回回者則用回回字」，「回回字只有二十一個字母，其餘只就偏旁上湊成。行於漢人、契丹、女真諸亡國者只用漢字」。而在一個相當長的時期內，在蒙古本土還是「只用小木」。

Q 一掬細沙填平了大海

當時中國北方出現了一個富庶強大的金朝政權。直到成吉思汗南下時，金朝人口已經發展到近五千萬，比當時的蒙古多四十餘倍；軍隊也在百萬以上，比蒙古多出十倍。因此當時有人曾說：「金國如海，蒙古如一掬細沙。」然而戰爭的結果，卻是「一掬細沙」填平了「大海」。

而金朝柔弱愚魯的永濟繼位稱帝，正好爲成吉思汗伐金提供了有利時機。成吉思汗不失時機地做出了伐金的戰略決策，於一二一一年秋，完顏永濟集中金朝全國的四十五萬主力，與蒙古十萬軍隊在野狐嶺展開了一場大決戰。結果金軍主力大敗，伏屍百里。正如一位史家所說：「這一站耗盡了金國的百年家底。」

野狐嶺之戰是金朝失敗、蒙古勝利的大轉折，又是中國古代軍事史上以少勝多的典範戰例。由於金衛王永濟的用人不當，一仗輸了金國的元氣，但他反過來卻把責任推在徒單鎰的身上，對敗軍之將胡沙虎等卻賞罰不明，結果養了一條蛇，不想反而被蛇咬傷了。

鐵木真進攻金朝的首都中都，金帝獻出公主和五百童男、五百童女求和，成吉思汗撤兵。新皇帝害怕蒙古再次進攻，不顧徒單鎰和太學生的反對，決定遷都南京。成吉思汗包圍了中都，一二一五年，中都被攻破，鐵木真下令入城搶劫財物。金中都陷入一場滅頂之災，一座繁華的都城變成了圓明園一樣的廢墟。

Q 成吉思汗西征的導火線

花剌子模訛答剌城的海兒汗殺死了蒙古汗國的四百五十名和平商人，鐵木真還指望這些商販繁榮經濟，拉動草原內需來預防全球經濟危機呢，好傢伙，這貨一下子給人幹掉這麼多；其國王摩訶末又武斷地殺死了成吉思汗派去交涉的正使。這些成爲成吉思汗西征的導火線。

如何看待成吉思汗西征，古今中外一直有不少爭議。蒙古族是個馬上民族，他們在馬背上降生，在馬背上成長，甚至在馬背上死亡。成吉思汗是個馬上皇帝，他跨馬揮刀統一了蒙古草原，攻下了金朝的中都，又將馬蹄所到之處視爲自己的領土。掠奪奴隸和財物，爲自己的子孫經營一片理想的領地。

西征出師之前，成吉思汗諸子之間發生了一場關於長子術赤的出身與汗位繼承問題的爭吵：術赤是不是成吉思汗的親生骨肉，並非當時爭論的焦點，其關鍵不是術赤是不是正宗血統，而是究竟由誰繼承汗位。能否使自己的事業發揚光大，是成吉思汗考慮問題的出發點。

成吉思汗確定三子窩闊台爲汗位繼承人，主要就是因爲他做事中庸，不跟兄弟們吵嘴，屬於老好人型，成吉思汗認爲他政治穩定和個人才能優秀。同時它說明當時蒙古汗位的繼承還沒有實行嫡長子繼承制，而是保留了一些原始社會末期推舉制的痕跡：從嫡子的「賢者」中選拔繼位者，最後由庫里台大會選舉產生。

正是這種汗位繼承制度，導致了成吉思汗死後蒙古皇族的皇位之爭。術赤是長子，當時關於此人是不是成吉思汗親兒子的爭論，在成吉思汗心理上留下了陰影，這個陰影一直伴隨他走完自己的一生。察合台是孛兒帖生的二兒子，打起仗來不失爲一個猛將，從不服輸。不過他生性魯莽、好鬥、殘忍，不是當帝王的材料。

窩闊台是老三，論戰功和勇敢他不如兩個哥哥。可是他比兩個哥哥聰明，總能體察成吉思汗的心思，總能爲人隨和，總能用中庸方法解決問題，從不參與兄弟之間的爭鬥，從不對繼承汗位表現出任何熱衷。正是這一點，使他得到成吉思汗的信賴，並把汗位傳給了他。

成吉思汗首戰的目標是攻取訛答剌等邊界城市，同時親率中軍進攻不花剌，目的在於避實擊虛，從中間突破，切斷花剌子模新舊二都之間的聯繫，使其首尾不能相顧。這場戰爭打得最激烈的地方就是訛答剌城，海兒汗最後被活捉。成吉思汗爲了給被殺的商隊和使臣報仇，融化了銀液灌在他的眼睛裏。

花剌子模在當時的中東地區相當強大，他們的國王摩河末算端，號稱世界征服者。中東地區和相鄰的歐洲諸國都十分懼怕他，連斡羅思的不少公國，也常常被他們騷擾，以致花剌子模的集市上常常有斡羅思人被拍賣，長相不好的還可以買一個送一個，真是優惠大酬賓。

摩河末不可一世、目空一切，他除了對母后有所忌憚之外，將西遼人、乃蠻人全不放在眼裏。對於蒙古人，開始他知之甚少，太后的兄弟海兒汗貪財害死了蒙古商隊，他並不贊成，也不知情，但因爲太后支持國舅，他也只得以強硬的態度對待蒙古的使團。

當時他真的相信那是一群野蠻的異教徒，騎著像兔子一樣矮小的馬，根本不堪一擊。他第一次在西遼邊境同哲別率領的蒙古小股部隊遭遇的時候，才領略了蒙古人的戰鬥力。面對著蒙古大軍的進攻，摩河末國王拒絕了集中兵力決戰的正確建議，採取了分兵把關、城自爲戰的被動挨打的戰略。

當蒙古大軍日益逼近時，摩河末國王又放棄首都，放棄天險，率眾逃跑，從未組織過一次像樣的抵抗。根據成吉思汗的命令，蒙古名將哲別、速不台率軍追擊摩河末。成吉思汗要求他們要像獵犬一樣咬住自己的獵物不放，即使其躲入山林、海島，也要像疾風閃電般追上去。逃往海島的摩河末也悲慘地死去。

回軍路上，成吉思汗接見了中國北方道教全真派首領長春真人丘處機。丘處機是道教全真派的掌門人，成吉思汗待他也如同朋友一般。丘處機與成吉思汗的相會時間不長，卻使其性格發生了重大變化。丘處機清楚地告訴他，人不能長生，只能養生。還告訴他一條治國之道，勸他要清靜無爲，不要濫殺無辜等。

馬背上的人生

太祖十年秋，經過了七年西征的成吉思汗回到了蒙古草原。因西夏背盟，主將木華黎含恨而死，成吉思汗不顧六十四歲高齡，堅持親征西夏。然而，卻在途中的圍獵活動中受了重傷。

那天，成吉思汗騎著一匹紅鬃駿馬，到郊外打獵。突然一隻野豬猛衝了過來，直接奔跑到戰馬前面，成吉思汗憑藉他平生爛熟的弓箭射擊技巧，一箭射出去，野豬當場斃命。成吉思汗心中正在得意的時候，突然發覺馬的腦袋高高昂起，四條腿在地上

亂踢亂蹬，成吉思汗從馬背上摔了下來。

成吉思汗戎馬一生，南征北戰，在馬背上度過了大半生，沒有人知道他駕馭過多少駿馬。但是這匹摔他下地的馬，可能是上天有意爲他選擇的，偏偏被兇猛的野豬驚嚇，導致失去控制，把他重重地摔傷，讓他受到很大的傷害，這也許也是上天不讓成吉思汗長壽的預兆，從此他的身體一直欠佳。

在清水縣，成吉思汗受傷還沒有痊癒的身體，又因天氣暑熱而染重病，他感到已經難以久留人世，便召喚兒子到跟前來。當時長子術赤已死，次子察合台留守後方，來到他病榻前的是三子窩闊台、幼子拖雷以及其他妃子所生的兒子。成吉思汗向兒子們交待了最後的幾件事。

拖雷，佔據帝國的中心，實力遠遠超過其他諸王。如何穩固地統治這樣一個國家，選擇適當的汗位繼承人至關重要。西征前，成古思汗已選定最有能力的窩闊台爲繼承人，但同時也暴露了諸子之間的不和，他覺得十分不安，他要兒子再次簽署恪守諾言協議書，一式三份，兄弟人手一份，給自己的棺材裏裝一份。

多頭蛇的寓意

成吉思汗對病床前的兒子們講了一個蛇的故事：「寒冷的夜晚，一條多頭蛇想爬進洞裏去禦寒，但每個頭都爭著搶先往洞裏爬，互不相讓，結果被凍死在洞外，而那條一頭蛇卻毫無困難地爬進了洞裏，躲過了嚴寒。」幾個兒子明白爸爸的用意，便一齊跪下來說：「我們都俯首聽您的命令和吩咐。」

成吉思汗就自己的喪事和徹底滅亡西夏指示說：「我死後，你們不要爲我發喪、舉哀，好叫敵人不知我已死去，可以嚇唬他們一陣。當西夏國王和居民出來時，把他們全部殺掉！」這個指示也得到了執行，從此西夏滅亡，從歷史上消失。

成吉思汗之死

一二二七年陰曆七月十二日，成吉思汗死於清水縣，終年六十六歲。按照蒙古民族帶有神話色彩的歷史傳說，成吉思汗曾經說過：「在動亂的時代，這裏可以隱居，

遠離塵世的紛擾；太平的時代，可以在這裏放牧，平安生活。我應當在這裏打獵，捕捉麋鹿，過著悠閒的日子安享晚年。」表示了他死後希望葬在那裏的意思。

成吉思汗的靈車行進到穆納山，車輪突然深陷到泥淖之中，套上什麼樣的牲畜都無法拉出，但是成吉思汗更應當歸葬故土，這裏距他的出生地有六天路程。於是雪你惕部的吉魯格台把阿禿兒以手指著北方，向成吉思汗的靈車唱輓歌，歌剛唱完，成吉思汗的靈車重新起動了。

護送靈車的軍士將一路上所遇到的一切生命全部殺死。成吉思汗的親族聞訊從四面八方趕來，有的因路途遙遠，直到三個月後才趕到。拖雷主持葬禮，他們準備了大量祭品，以四十名美女殉葬，成吉思汗的棺木，則用兩片木頭鑿出大小正可容體的空間，將遺體放入後合攏，外塗油漆，再以三道黃金圈固定。

成吉思汗埋葬地點在斡難、怯綠連、土兀刺三河之源不兒罕山的起輦谷。按照蒙古民族的風俗，葬後不留墳塚，驅萬馬將土地踏平，派軍隊守衛。只在葬處宰殺一隻小駱駝，來年草生，一望平坦，祭祀時牽來母駱駝，母駱駝嗅小駱駝的血悲鳴的地方就是埋藏的地方。然而後人漸漸地再也找不到確切的埋葬地點了。

成吉思汗死後，他的子孫爲他舉行了一個很特殊的葬禮，埋葬了這個世界歷史上特殊的人物。他沒有留下陵寢和寶鼎，只在他墳地周圍十五公里處插上一圈箭簇，派重兵守衛這塊禁地。由於時間已經過去了七百餘年，成陵的所在已經成爲一個難解之謎。

改變世界的成吉思汗

伊朗著名史學家志費尼在其《世界征服者史》一書中說：「倘若那善於運籌帷幄、料敵如神的亞歷山大活在成吉思汗時代，他會在使計用策方面當成吉思汗的學生，而且，在攻略城池的種種妙策中，他會發現，最好跟成吉思汗走。」甚至拿破崙本人也說：「我不如成吉思汗，他的四個虎子都爭爲其父效力，我無這種好運。」

孫中山先生說：「亞洲早期最強大的民族之中元朝蒙古人居首位。」「元朝時期幾乎整個歐洲被元朝所佔領，遠比中國之前最強盛的時期更強大了。」毛澤東將成吉思汗親切地稱爲「一代天驕」，將他與中國歷史上著名的帝王秦始皇、漢武帝、唐太宗、宋太祖相提並論。

世界歷史上最偉大的軍事統帥成吉思汗及其繼承者，不僅組建了一支當時天下無

敵的強大騎兵，出色地解決了軍隊給養、後勤供應，還創造性地運用了一系列符合騎兵作戰特點的戰略戰術，取得了一個又一個勝利。

亞歐之間經濟文化的交流直接促進了歷史的進步。比如，造紙術和印刷術傳入歐洲，促進了歐洲文化的發展，使歐洲文化從神學手裏解放出來，出現了文藝復興。火藥和火器傳入歐洲，也使它發揮了在中國未曾發揮的巨大作用。恩格斯說：「在十四世紀初，火藥使整個作戰方法發生了變革，這是每一個小學生都知道的。」

恩格斯說：「火藥和火器的採用決不是一種暴力行爲，而是一種工業的也就是經濟的進步。」「以前一直攻不破的貴族城堡的石牆抵不住市民的大炮。貴族的統治跟身披鎧甲的貴族騎兵隊同歸於盡了。」指南針傳入歐洲則促進了歐洲航海事業的發展，此後才出現了哥倫布等人的遠航，使他們發現了新大陸。

有的學者這樣說：「成吉思汗這樣的天之驕子的誕生，使世界從沉睡中覺醒，東西文化交流促成。《馬可．波羅遊記》招致哥倫布探險，美洲大陸被發現，歐洲人一度掌握世界霸權，後又美國崛起，日本被美國打敗等等。所以，我把成吉思汗的誕生看作改變世界方向，形成今日世界的催化劑。」

＊微歷史大事記＊

西元一一六二年，鐵木真出生。

西元一一七八年，鐵木真與孛兒帖完婚。

西元一一八五年，鐵木真在脫里汗、札木合的支持下，征服了蔑兒乞部。

西元一二〇二年秋，鐵木真消滅了其宿敵塔塔兒部。

西元一二〇三年夏，鐵木真移營至班朱尼河。

西元一二〇五年，蒙古軍首次進攻西夏。

西元一二〇六年，鐵木真被推舉為成吉思汗，建立大蒙古國。

西元一二一一年秋，成吉思汗統率蒙古軍首次南下襲擊金朝。

西元一二二五年，成吉思汗結束西征返回後，大舉攻伐西夏。

西元一二二七年，太祖二十二年秋，成吉思汗死於六盤山附近的清水縣。

第二章

政治風暴

爺仨的恩怨情仇

等到花兒都謝了的皇位

按照蒙古族大汗的傳統慣例和繼承法，大汗之位應由幼子「守產」然後繼承汗位，拖雷作爲成吉思汗最爲疼愛的小兒子，不僅應該繼承汗位，而且還應繼承父親全部的財產和牛羊。然而成吉思汗卻傳位於窩闊台，是窩闊台搞了暗箱操作還是運用了潛規則？其實都沒有，成吉思汗這樣做是有著自己深刻的治國道理的。

在很早以前，成吉思汗就非常關心汗位繼承人的問題，因爲這畢竟關係著種族的可持續發展問題，最初他曾經考慮過將汗位傳給拖雷，然而路遙知馬力，日久見人心，在經歷了一系列兒子間紛爭之後，他運用自己獨到的見解和敏銳的觀察力，認爲窩闊台具備掌控大局的才能，更具備作爲一國之君的氣度和威嚴。

真正讓成吉思汗認識到窩闊台有著過人能力的事件發生在一二二〇年秋天，成吉思汗派遣窩闊台、察合台哥倆率軍進攻花剌子模的首都玉龍傑赤，爲順利實現戰略目標，他同時還命令術赤率軍從其駐地南下會合，結果蒙古軍隊在奪取戰爭必經的一座橋樑時遭遇敵軍突襲，損兵折將達三千餘人。

蒙古軍在軍事失利的情況下召開了軍事會議，結果在會議上出現了兩種不同的聲音，察合台認爲按元軍攻擊慣例應當破壞性的強攻城池，給敵人一個下馬威，而術赤考慮到強攻會帶來進一步的損失，想用「軟攻」之法以保全城市的完整，同時減少將士的傷亡，與會雙方軍隊當時就各執己見大聲爭吵起來。

蒙古將領術赤看到軍事會議中對自己提出的軟攻之法有人反對，一向自負的他中途離席，當即組織軍隊按照自己的方式攻城，等到了城下，他先派遣少量前哨像往常一樣劫掠財物，等把守城士兵引誘出城之後，術赤又用計將敵人引誘到數里外，和埋伏在這裏的士兵一起打敗了敵軍，從此城內守軍堅持固守，不再出戰。

蒙古軍隊攻城卻遭到城內守軍的軟對抗，他們堅守不出讓大將術赤非常頭痛，他派人招降，卻遭到城主庫馬爾拒絕，他派遣三千兵士進攻，卻又遭到敵軍圍困，導致全軍覆沒。就在他無比糾結之時，和他有戰術分歧的察合台站了出來，他準備順風放火，把城池夷爲平地，術赤堅決不同意這種做法，雙方再次爭執不下。

由於戰術的分歧，蒙古軍攻城久攻不下，最後決定讓領導成吉思汗解決爭端，此時成吉思汗無暇親身前往，於是他任命窩闊台爲前敵總指揮，負責攻城和調解術赤和察合台之間的矛盾，窩闊台用事實完美地解決了這兩個問題，兩軍激戰九天後，敵軍投降，窩闊台在父皇面前的印象分增加。

也有史料記載，由於窩闊台性格敦厚，受到術赤和察合台尊敬，他們在戰爭中爭執不下時，共同推窩闊台爲老大，才奪取戰爭勝利，不管哪一個版本的說法，都說明窩闊台確實有著過人之處，他出生在戰爭中，成長於戰場上，弓馬射箭無一不通，兵法韜略無一不曉，所以在繼承人的選擇中成吉思汗認定了窩闊台。不過，後來爲了補償拖雷，成吉思汗將自己絕大多數的財產分給了他。

窩闊台在得到汗位繼承人的法律依據之後，老爸成吉思汗就開始有意識地讓他積極主持朝政，讓他積累處理政事的經驗。其實這時窩闊台雖然被指定爲繼承人，但相比弟弟拖雷獲得一萬零一百軍戶的封賞，他僅僅獲得四千戶，這讓很多人爲窩闊台鳴不平，但他知道這是父皇對拖雷的補償，一直閉口不談。

歷史的細節總會出現無數的巧合，在成吉思汗咽下最後一口氣時，他雖然兒子很多，但大兒子術赤早就去陰間爲他打前站去了，察合台正在金國搞侵略，窩闊台正在西域搞管理，只有小兒子拖雷陪在身邊，於是在寫下傳位給窩闊台的遺囑後，他又留下遺言讓拖雷擔任監國，窩闊台未登基前所有政事由拖雷負責處理。

一直嚮往汗位的窩闊台在老爸去世後，卻很久不能正式登基，因爲蒙古帝國是一

個非常民主的國家，他們的憲法規定新任繼承人想要登上汗位，必須由當時的庫里台會議開會批准，哪怕是舊可汗直接任命，也必須要經過這一程序，窩闊台只能等待大會選舉。

窩闊台一直在等待開會任命他接替老爸成爲新可汗，但由於當時蒙古忙於侵略，戰事頻繁，時任監國的拖雷實在沒有找到機會召集各方代表進京商議此事，於是窩闊台的任命一拖再拖，最後竟一直拖了兩年，這讓對汗位望眼欲穿的窩闊台和他的擁護者非常惱火，但監國太子拖雷不發話，他們也毫無辦法。

三哥窩闊台等待蒙古大會任命等到花都謝了，可拖雷就是不發佈召開會議的命令，兩年之後拖雷自己也覺得有點過分，於是他公開發表聲明，表示願意接受父親的主張，擇機將汗位給予三哥窩闊台，不過這時窩闊台卻又猶豫起來，雖然他對汗位垂涎已久，但他害怕忠於拖雷的勢力趁機向自己發難。

窩闊台真是以小人之心度弟弟拖雷之腹了，雖然拖雷在監國的兩年中表現出來優秀的從政素質，得到絕大部分的貴族首領的擁護，但他的確是真心想把汗位讓給窩闊台，在召開庫里台大會期間，他用了四十多天才說服了大多數蒙古貴族，窩闊台才成功當選新一屆蒙古可汗。

成吉思汗時中央官制比較簡單，隨著統治區域的擴大和汗廷政務的日趨繁多，在逐步接受美國三權分立等周圍政權先進管理經驗的基礎上，窩闊台開始推行汗廷和地方官制等行政、事業單位的改革。

窩闊台在一二二九年的庫里台大會中被推舉爲繼任人，掌管整個蒙古帝國。他在任期內接手了父親的遺志擴張領土，主要是繼續西征和南下中原。他在位期間成功地征服中亞和華北。窩闊台繼承汗位以後，制定和頒佈了許多新法令，比成吉思汗在位的時候，封建政治體制更加健全，朝廷的可信度更高。

老子英雄兒好漢，窩闊台遺傳了成吉思汗的擴張基因，一舉征服了中亞和華北，把征服下來的西域地域作爲獨立的自治區，封賞給察合台管理，任他爲自治區行政長官，命令他就在那裏坐鎮，進行開發。窩闊台這時對西域並沒有什麼擔憂的了，就一門心思攻打金國。

進攻金國

金國派遣使臣前來，對成吉思汗的去世表示弔唁，還向蒙古贈送了許多祭祀的物

品。窩闊台汗對金國派來的使臣說：「你們的國王很久都不來歸順和投降，今天我爸爸去世了，你們來了，安的什麼心。我正在準備對你們的國家興師問罪。」這時金國正創業，物質文明薄弱，窩闊台汗強詞奪理，尋找滅亡金國的藉口。

窩闊台汗退回金國使臣帶來的祭祀禮物，放還金國的使臣。這時金國皇帝完顏珣已經去世，他的兒子完顏守緒繼承了皇位，得到使臣回報的消息，難免心懷恐懼，無可奈何。他又派遣使臣攜帶著黃金、布帛和美女，到蒙古去祝賀新大汗即位。窩闊台汗還是不給面子，只把幾位金國佳麗留下了，沒有收金國別的禮物。

成吉思汗在世的時候，連年對外出征，在戰爭中所搶掠到的財物，都全部立即分配給各個部落，這樣中央政府並沒有戰略儲存和積蓄。蒙古的各位將領，過去都認爲在戰爭搶劫的人口毫無用處，不如全部處死，還可以取得血液和油脂，灌溉草原上的草木，作爲牧場放牧牲畜。

大臣耶律楚材又向窩闊台汗推薦儒家的治國思想，他告訴窩闊台汗說，龐大的騎兵軍隊能夠騎在馬背上征服和獲得天下，但是一定不能通過騎兵軍隊那樣的武力治理天下。窩闊台汗非常佩服耶律楚材的見解，於是就在原來尚武的風氣之外，逐漸開始崇尚文明和教化，這也是理所當然的事了。

窩闊台汗當上大汗後，大力整頓軍隊，大量積蓄儲存軍餉，大量飼養戰馬，又在全國糧食主產區建了大量國家糧食儲備庫，來應對各種自然災害造成的減產。就在他當上大汗的第二年春天，帶領著他的弟弟拖雷以及拖雷的兒子蒙哥，率領蒙古大軍進入了陝西，攻下了六十多所山寨，蒙古大軍逼近鳳翔。

金國皇帝派遣官員平章政事完顏哈達以及伊喇豐阿拉率領軍隊前去增援。在進軍的途中，他們聽說蒙古大軍勢力強大，知道自己不是敵人的對手，就停留下來不想進軍。直到金朝皇帝屢次催促進軍的時候，哈達和豐阿拉兩將領還在拖延推諉，不想行動。

完顏哈達爲了避重就輕，謊稱蒙古軍隊分兵攻打潼關，就向皇帝報告說潼關正在被蒙古軍隊攻打，比增援鳳翔更爲緊急，不如率軍先救援潼關，然後再去增援鳳翔。金朝皇帝無可奈何，只得依從了他們的作戰方案。哈達和豐阿拉兩人就率領軍隊趕赴潼關。

潼關本來就是天險，易守難攻，況且早就有精銳部隊在那裏駐守，是完全可以嚴防死守的，哈達等將領是菜鳥，故意避難就易，所以就前去支援。這樣就使得鳳翔防守薄弱，非常空虛，死守了兩三個月之後，終於被蒙古大軍攻佔陷落，只有潼關還沒

有攻佔下來，拖雷親自前去那裏督促軍隊進攻，也沒有攻克下來。

兩軍對峙，那個從敵方投降過來的將領李國昌突然對拖雷說：「金朝遷到汴都將近二十年了，完全憑藉著潼關、黃河這些險要的軍事要塞作爲天險，我們的軍隊如果從隱秘的道路走出寶雞，繞過漢中，沿著漢江向前進發，直接到達唐鄧，那時再攻汴都就不是困難的事了。」看，胸懷寬廣納良才多重要。

拖雷暫時不想與宋朝絕交，就召喚軍隊向東回師，會合後攻佔了饒風關，迅速渡過漢江，在那裏進行大肆搶掠後向東而去。告急的報告像雪片一樣，紛紛飛向金國的汴都，金朝皇帝守緒，急急忙召集各位要員商議應對蒙古大軍的辦法。真是將到用時方恨少呀！

蒙古軍隊到了陣地前，並沒有發射一箭，就快速撤退而去，哈達也下達命令集合軍隊停止交戰。各位將領都請求追擊蒙古軍隊，上過軍校的哈達回答說：「北方的軍隊沒有交戰就撤退了，一定懷有詭詐的計謀，我軍如果追擊上去，正好中了他們的計謀。」哈達對敵人的判斷非常明確，但是相比之下還是差了一著。

哈達準備率軍向南返回，返回到一里多路的時候，忽然煙塵遮天蔽日，呼喊聲震盪山谷。哈達連忙尋找到一座小山，佔領制高點望瞭望，只見蒙古大軍騎兵和步兵正在搞組合，分作三個隊形，正在快速衝殺過來。哈達看了歎息了一聲，說：「敵軍真會唬人，繞到後邊偷偷地來襲擊我們，真是防不勝防啊。」

哈達禁不住感歎：「蒙古的軍隊整齊，紀律嚴明，戰鬥力指數高，不大好對付，一定不可輕敵。」他急忙奔跑下山，指揮軍隊對敵作戰，自己卻準備從敵軍的側面道路上逃走躲避，沒想到蒙古大軍已經到來，無法逃避，只好被動地與蒙古大軍交戰。

兩軍作戰時，蒙古人採用回環式打法，蒙古大軍稍微撤退，豐阿拉就帶領部隊追了上去，哪裏知道蒙古大軍又勒回戰馬，向金國軍隊衝殺了過來，先後進行了十次決戰，金國軍隊幾乎被蒙古大軍消滅乾淨，多虧豐阿拉的部將富察鼎珠，奮力攔截和衝殺，蒙古大軍頂不住了，才開始逐漸撤退。

神出鬼沒的蒙古軍

第二天，蒙古軍隊忽然蒸發了，不見蹤影。有人報告說，蒙古軍隊已經到別的地方去了，哈達和豐阿拉就想返回鄧州。他們向前行進的時候，忽然從道路旁邊衝出了敵軍，竟然把金朝軍隊衝散成了兩截。哈達和豐阿拉連忙佈置軍隊接戰，等到把敵軍

殺退的時候，後面的軍隊已經全部消失，不見了。

哈達捶胸頓足，非常後悔，豐阿拉卻和哈達相反，談笑自若，心不在焉，和哈達一道進入鄧州，收集部下的殘兵敗將，就說交戰大捷。相比之下，豐阿拉顯得非常奸猾。金國朝廷裏的大小官員，都向皇帝上報表彰，共同慶賀戰爭的勝利。

金國的民間堡和城防實施，這時全部歸還給分散的鄉村和社區負責防衛，他們滿心希望戰爭從此停息下來，不再發生戰亂，雞犬不驚，享受到長期的和平生活。哪裏知道拖雷率領的軍隊跟蒼蠅一樣黏人，窩闊台汗又從河清縣白坡鎮渡過河，繼續進軍到鄭州駐紮了下來，派遣速不台進攻汴城。

城裏的軍士和民眾，根本沒有想到北方的蒙古大軍突然到來，金朝皇帝也非常驚慌，連忙命令翰林學士趙秉文，起草文告，悔改自己的過失。文告說得聲情並茂，淒婉動人，人們聽了都感動得流下淚水來。但是沒有雄厚的國力和強大的軍隊，只有一篇徒有虛名的文告，在大敵入侵的困難之時，並沒有用呀！

拖雷率領三千鐵騎敢死隊，緊緊追隨在金軍後面。金軍一邊撤退，一邊對敵作戰，抵抗追擊的蒙古騎兵，拖雷跟隨在金國軍隊後面，巧妙地使用了麻雀戰，金國軍隊反擊的時候，蒙古軍隊就撤退，敵軍撤退時，他又率軍前去襲擊，弄得金朝軍隊惶恐不安，無法休息，一邊作戰，一邊撤退，非常疲勞。

到了黃榆店的時候，下起大雨和暴雪，不能繼續進軍。蒙古軍將領速不台，已經派出軍隊阻止金朝的增援部隊，因此哈達和豐阿拉的兩支軍隊，前後被蒙古大軍隔斷。所幸雪後天晴，金國軍隊又得到汴京危急的消息，不得不繼續行軍。途中遇到大樹堵路，無數的士兵使出吃奶的勁頭，才使道路暢通。

金國軍隊到了三峰山時，蒙古大軍已經有兩支部隊在這裏準備守株待兔。兩國軍隊在這裏相持了好幾天，蒙古大軍知道金國軍隊已經疲憊不堪，故意放開了一個缺口，讓他們奔逃而去。金國軍隊果然中計，剛出重圍，就被蒙古大軍從兩面夾擊，頓時大敗，金軍四散逃亡。

武仙一看事不對，領著三十個騎兵就閃了，楊沃衍等人在戰鬥中陣亡，哈達知道軍隊大敗，大勢已去，急忙邀請豐阿拉當面協商，準備跳下馬背和敵軍決一死戰，哪裏知道豐阿拉這時已經杳如黃鶴，不知逃到什麼地方去了。只剩下禪華善等將領，他們會合在一起，一邊跑，一邊打，逃跑到了鈞州。

窩闊台汗率領大軍駐紮在鄭州，聽說拖雷正與金朝軍隊相持不下，迅速派遣琨布哈和齊拉袞等將領軍隊，前去增援。當他們率軍趕到陣地時金軍已經潰退，蒙古軍隊

就在鈞州城下會合，聯合發起攻擊。幾下子就把城市攻佔了下來，哈達藏匿在一個隱蔽的山洞裏，被蒙古軍隊搜了出來，牽出去殺死了。

金朝軍隊失去了主將，群龍無首，亂作一團，有一半人投降蒙古，有一半被殺死，只有禪華善躲藏在隱秘的地方。等到燒殺搶掠稍微平定後，才自己主動跑到蒙古大軍前面，大聲說：「我是金國大將，想進去拜見你們的主帥告訴事情。」蒙古軍士把他牢牢捆成人棍，帶進去拜見拖雷。

拖雷勸告禪華善投降，他卻破口大罵，憤怒的頭髮把帽子都頂起來了。惹得拖雷大發雷霆，命軍士砍去禪華善的雙腳，刺瞎他的眼睛，刺爛了他的臉面，他血流滿面，依然臨死不屈。蒙古將士被他的英勇氣節所感動，用牛奶祭奠他。完畢，就把他的屍體挖個坑埋了。

豐阿拉已經遠遠地逃走了，但還是被蒙古的士兵追上去捕捉了，押著他去拜見拖雷。拖雷也逼迫他向蒙古軍投誠，反反覆覆地勸說了他很久，豐阿拉卻感慨地說：「我是金國的大臣，只能死在金國的土地上！」除此之外，他並不回答別的什麼話，後來就慷慨就義了。

豐阿拉斷送了金國，他爲金國慷慨就義，還值得寬恕。從那時以後，金國內中用的精兵強將，幾乎全軍覆沒了，汴京已經無法堅守了。金朝守衛潼關的將領納哈塔赫伸，聽說哈達等將領在戰爭失敗死亡，感到非常驚慌，就和守衛秦藍的將領完顏重喜等，率領軍隊向東逃走了。守城將領李平，把潼關獻給了蒙古軍。

蒙古大軍迅速追擊金國軍隊到盧氏縣。金朝軍隊已經喪失鬥志。當時正是冬季，山上的道路全部堆滿了積雪，軍隊攜帶的婦女又多，沿途哀號聲不斷，等到蒙古大軍追上去的時候，還沒開火，重喜就首先跳下戰馬乞求投降。蒙古將軍認爲重喜不戰而降，是對金朝的不忠，就把他立即斬首。

烏登赫伸對整個山谷進行搜查，搜出來的逃散人口，全部都用亂刀砍死。蒙古軍隊繼續進軍，圍攻洛陽，留守在那裏的金朝將領薩哈連，這時背上正在生瘡，不能帶兵出戰，就自殺了。軍隊和民眾就推舉警巡使官強伸爲統領，城市防守無懈可擊，無法攻佔，蒙古軍撤退而去。

新型石炮攻城記

金朝皇帝守緒在無可奈何的情況下，派遣使臣向蒙古請求和平談判。蒙古將領速

不台說：「我只知道接受命令攻佔城市，其他的事我一概不管。」當時蒙古已經創新製造出了殺傷力非常強大的石炮，搬運到城下來，每壁城牆下面安置一個炮隊，安置石炮百多個，相互交替著向城內射擊。

速不台命將士們白天黑夜不間斷，連續對城牆開炮。幸好汴城的城牆非常堅固，據傳說是五代時期周世宗主持修築的，用虎牢土修築的城牆，像鐵一樣堅固和密實，雖然受到蒙古炮石的猛烈攻擊，只不過讓城牆外面略受損傷，根本無法擊穿和摧毀。

金朝皇帝又高薪特聘了一千多人的敢死隊士兵，從城牆的洞中鑽出來，直接渡過護城河，到蒙古大軍營裏燒毀石炮，削弱蒙古軍隊的殺傷力。蒙古兵雖然對金朝的襲擊早有提防，但是防守百密一疏，因此攻打城市十六個晝夜，雖然城內和城外死傷多達幾十萬人之多，但是城市仍然巋然不動，沒有能攻佔陷落。

窩闊台汗派遣使臣勸告金朝皇帝向蒙古投降，並命令速不台放緩攻城的軍事行動。速不台就對守城的將領說：「你們的皇帝既然願意進行和平談判，就應該出來犒賞蒙古軍隊！」金朝皇帝就命令戶部侍郎楊居仁出城來，帶著許多牛羊酒和肉食，另外還有許多黃金布帛，地方土特產，外加五百美少女，以此犒賞蒙古大軍。

和平談判破局

金朝皇帝爲了和平談判，願意派遣他的兒子作爲人質，送到蒙古去。汴京城暫時解除圍困。但是一波未平，一波又起。蒙古使臣唐慶等人前來進行和平談判，暫時居住在賓館裏，金朝飛虎兵的頭領申福，衝入賓館裏，把唐慶殺死了。事件發生以後，和平談判就無法進行了，蒙古大軍又長驅而入，這次完全是金國沒有理，金國糟糕的政治和刑罰，最終導致了國家的滅亡。

金朝皇帝守緒又飛速召集各路大軍，前來保衛京城和皇帝。金朝各路大軍剛到京城，蒙古的軍隊已經預先在那裏準備守株待兔，只聽見齊聲吶喊起來，就像虎狼捕捉羊群一樣，亂衝亂殺，嚇得金朝軍隊膽戰心驚尿褲子，聞風喪膽丟盔甲，全部都急忙撤退，慌忙逃走。

巫師的死亡占卜

窩闊台汗親自率軍，出師到居庸關，作爲拖雷的後援。他忽然身患急病，昏迷不省人事，就召集巫師進行占卜和祈禱。巫師說，是因爲蒙古大軍在戰爭中搶掠和殺死了大量的軍馬和人口，金國的山川神靈發火，使窩闊台汗身患急病，要到金國各地的山川進行祭祀和祈禱，才能解除災害和禍患。

窩闊台汗命令巫師前往各地的山川進行祭祀和祈禱，但是窩闊台汗的病情反而加重。巫師這時又說，祈禱沒有效果，必須由蒙古的一位親王代替窩闊台汗死亡，才能保證窩闊台汗的病情痊癒。

窩闊台汗向拖雷敘述了巫師說的話。拖雷對巫師說：「由我代替哥去死吧，你去向上天祈禱，保佑我的哥哥早日康復。」

巫師走出軍帳，去向上天祈禱。過了一會兒，巫師又取了一些水進入帳篷裏，對著水念誦了許多咒語後，就叫拖雷喝下了那些水。拖雷喝著那些水，好像是喝了酒一樣，覺得頭暈目眩，神志模糊。喝完後，拖雷就走出軍帳到別處住宿，當天晚上就死了。說來真是離奇，拖雷死後，窩闊台汗的病不久就痊癒了。

拖雷一共生有六個兒子：長子就是蒙哥，次子的名字叫末哥，第三個兒子的名字叫忽都，第四個兒子是忽必烈，第五個兒子是旭烈兀，第六個兒子是阿里不哥。後來蒙哥和忽必烈，都繼承了大汗的位置，忽必烈繼承了爺爺的光榮基因，做事有風度和分寸，很能彰顯王者之風，最後統一了中原。

滅亡的命運

拖雷死後，蒙古大軍開始進攻中原地區，推舉速不台為領軍主帥。速不台率領的蒙古大軍還沒有到達汴京城，金朝皇帝卻預先向東逃走了。汴京城內，糧食已經消耗殆淨，朝廷不得已，向民間進行大勢搜刮，所得到的粟米還不到三萬斗，老百姓都已經揭不開鍋，實在沒有多少油水可供搜刮了。

金朝皇帝知道大勢已去，更為嚴重的是汴京城中發生了大瘟疫，傳染速度很快，那時醫學不發達，不到一個月的時間就死亡了十多萬人。國家滅亡的命運已經無法挽回，皇帝就召集所有的殘兵敗將到大慶殿，告訴他們京城中的糧食已經消耗完了，今

天皇帝準備親自率軍抵禦敵軍。

金朝皇帝命令右丞相官薩布，平章官博索等人，率領軍隊跟隨出征，留下參政官訥蘇肯，樞密副使官薩尼雅布堅守汴京城，皇帝自己就與母親等人告別，痛苦地離去。

金朝皇帝率軍出城後，茫無目標，不知如何進軍。部下的將領請求前往河朔去，就從蒲城的東面渡過黃河，剛好突然刮起大風，後面的軍隊不能緊跟上來，蒙古將軍輝爾古納追了上來，殺死殺傷無數的軍士，情急之下，慌忙投河自殺的軍士也有六千餘人。金朝元帥賀德希在與蒙古大軍迎戰中被龍捲風揪到河裏餵魚了。

金朝皇帝渡過黃河向北逃亡，沒想到蒙古將軍史天澤又從真定衝殺過來。博索知道無法抵抗，連忙率軍逃回來，報告金朝皇帝，請求迅速向歸德逃亡。金朝皇帝就和副元帥阿里哈等六七位官員，乘著漆黑的夜晚登上航船，悄悄地向南方逃亡，投奔歸德府。軍隊將士聽說頭兒都逃了，立即土崩瓦解，四散逃亡。

駐守歸德的總帥什嘉紐勒渾，迎接和拜見了金朝皇帝，向他報告了各路軍隊將士強烈的怨憤情緒，就把屎盆子扣到博索的頭上，把他砍頭示眾，以圖重振軍威。金朝的國家命運已經是強弩之末，滅亡的跡象也完全顯現了出來，縱使把博索砍頭，對挽救金朝國家命運也毫無益處。

退敵妙計

金朝皇帝派遣人到汴京，迎接母親和他的大老婆和小老婆，哪裏知道汴京城內，又發生了一件特大案件。原來金朝皇帝守緒外出逃走的時候，命令西面的元帥崔立，駐守在城外。崔立品性惡劣，素來貪淫，陰險狡猾，一直暗暗地想著犯上作亂，趁這個時機另立新王了。

崔立隨即闖進皇宮中，向皇帝的母親王氏說：「皇帝已經遠遠地逃跑了，汴京城中不能沒有主帥，為何不推舉衛王的兒子從恪當守城的皇帝？」皇帝的母親嚇得戰戰兢兢，不能回答，崔立就假借皇帝母親的命令，派遣使者迎接從恪當皇帝，命令梁王監理國家政治。崔立稱呼自己太師都元帥尚書令鄭王。

崔立找藉口說金朝皇帝已經外出逃亡，需要搜尋跟隨皇帝的官員的家屬，把婦女招集到家中，凡是長得美麗、稍有姿色的婦女，崔立就逼迫著婦女們陪伴他。

崔立還發佈命令，民間婚姻嫁娶，新娘第一夜必須跟他睡才算數，凡是聽說哪裏

有美女，就立即搶劫到居室裏，縱情地戲弄和姦淫，稍有不依從的人，就立即殺死。老百姓對崔立恨之入骨，只有他的拍馬屁的手下爪牙，反而說他是功德崇高，沒有人能與他相比。整個宮廷，黑白混淆，是非顛倒。

那些對崔立逢迎拍馬的官員，正想著爲崔立樹碑立傳，忽然接到報告說速不台率領的蒙古大軍，已經打到這裏了。金國的各位將領詢問崔立怎樣防守和迎敵，他卻從容自若，微笑著說：「我自有打退敵人的妙計！」當天晚上，就出城去，到速不台的軍營前面，和速不台簽署了喪權辱國的投降條款。

崔立回到城裏以後，四處搜刮金銀犒賞蒙古大軍，對民眾嚴刑拷打，百般威脅，慘無人道，甚至喪盡天良，賣國求榮，竟然把那金皇帝的母親王氏，皇帝的妻子圖克坦氏，還有梁王從恪，荊王守純以及各皇宮裏皇帝的小老婆們，全部送到速不台的軍營裏，作爲犒賞蒙古大軍的物品。

Q 引狼入室的後果

金朝的叛臣崔立，把劫持的皇帝的大老婆和小老婆等人送給了蒙古軍隊後，迎接速不台進入汴京城，駐紮了下來。速不台派遣使者向窩闊台汗傳送捷報，因爲蒙古軍隊攻打汴京城的時間較長，軍士傷亡較多，請求窩闊台汗准許他屠殺城市中的軍士和民眾，以洗雪心中的憤怒。

窩闊台汗正準備批准速不台屠殺城市中的軍士和民眾的請求，幸虧耶律楚材在旁邊多方勸阻，耶律楚材說：「憤怒是消除了，可我們要的不是座廢城呀！」才使得除了完顏家族以外的人，全部都得到了免予處死的遭遇。那時汴京城裏的房屋，還有一百四十多萬戶，沒有遭到毀壞。

速不台進入汴京城，對整個城市檢查了一遍，就出城向北而去。崔立把他送出城外，等到他回到家裏時，正想和大老婆和小老婆歡聚時，才發現家裏空無一人，他連忙檢查金銀寶玉和布帛，全部都不翼而飛，不見蹤影。這時他才知道被蒙古軍隊全部掠走了，他頓時不禁放聲大哭，悲痛不已。

崔立轉過來一想，認爲汴京城還在自己的手中，已經失去的所有東西是完全可以得到賠償的，無非就是再去百姓那裏刮一次，想到這些崔立就放下心來。可是別忘了百姓已然餓得前胸貼後背，揭不開鍋。除了怨氣，什麼都刮不出來了。

聯宋滅金

宋國對金國使者說：「我們有個地區剛地震，然後就是土石流，糧食都拿去救濟災民了，沒有糧。」事實上宋國將領孟珙等人，運送大米三十萬石，前去蒙古履行約定。蒙古軍隊攻打金國的北面，南宋軍隊攻打金國的南面。

蒙古和宋朝兩支軍隊分別從南北兩邊發起進攻，都沒有攻佔下來，後來又把軍隊合併起來，聯合向西城發起猛攻，將士作戰英勇，前撲後繼，終於把城市攻佔了下來，值得慶幸的是這座城市是雙保險，裏面還有內城，完顏仲德召集精銳將士，日夜堅持頑強抵抗。

金國皇帝又用自己專用的物品犒賞軍士，以鼓勵士氣，英勇殺敵，甚至讓自己最心愛的幾位高貴的美女相好陪作戰勇敢的士兵了，接著他又殺掉了自己餵養的戰馬犒賞軍隊，金國皇帝知道，金國這時也是強弩之末，大勢已去，秋後的螞蚱，蹦不了幾天了，根本無法挽回國破家亡的命運。

金國皇帝守緒在世的最後一年，也是蒙古窩闊台汗繼承汗位的第六年。金國皇帝選拔了繼承人。第二天他就上吊自殺了。

金國皇帝掛了以後，完顏仲德對著屍體拜了幾下，對將士們說：「我們的皇帝已經駕崩了，我們不如全部跳進河水裏自殺罷，跟我們的皇帝在地下相會，好嗎？」他說完話，就跳進水裏，葬身水底。後續總共有五百多人，跟下餃子一樣全部跳到水中，和傳說中的河神做伴去了。

金國的新皇帝承麟，聽說金國皇帝守緒已經自殺，就攜帶朝廷中的文武大臣進入小朝廷內，祭奠去世的皇帝，痛哭流涕祭奠的儀式剛剛完畢，子城就被攻陷了。正在這時，手持武器的敵軍頓時從四面八方包圍過來，逢人就砍，遇人就殺，真是屍骨遍野，殺人如麻，剛剛才登上皇位一天的金元帥承麟，連屍骨都無法尋找到。

南宋短暫收復京城

大約過了半年的時間，南宋忽然大舉進軍攻佔汴京城，窩闊台汗對此非常憤怒，說：「汴京城本來就是我的地盤，宋朝軍隊爲什麼要侵犯我的領土，毀壞我們過去的約定？」就想發佈命令討伐宋朝。皇帝的貴族札拉呼請求率軍作戰，窩闊台汗派遣幾

萬人的軍隊，讓他統率大軍南下，去進攻宋朝。

當時的宋朝將軍趙範和趙葵，都想收復三座京城（東京汴梁，西京洛陽，南京歸德），因此請示朝廷發兵進軍汴京城。南宋朝廷裏的許多官員則認爲進攻蒙古領土不是好辦法，就沒有聽從他們的提議，朝廷就命令趙葵統領淮西兵軍士五萬多人，和駐守廬州的將軍全子才，會師攻打汴京城。

當時駐守汴京的都尉官是李伯淵，一直被崔立欺凌，暗地裏總是想著尋找機會報復。聽到宋朝的軍隊即將到來，就派遣使者約定投降，假裝邀請崔立商量防禦計畫，等到崔立到來的時候，李伯淵立即亮出匕首，刺入了崔立胸膛，崔立大叫了一聲，當場死亡。他帶領的騎兵警衛部隊也全部被埋伏的士兵殲滅。

徐敏子率領軍隊到了洛陽時，城市中一點也沒有軍事準備，宋朝軍隊很快就佔領了城市。佔領城市後，只有三百多戶，他們餓得都前胸貼後背。宋軍自己清楚地知道軍糧已經消耗完了，在迫不得已的情況下，只能採摘蒿草之類的野生菜蔬，和在麵粉裏面，作爲軍糧讓全軍士兵充饑。

拔都西征

窩闊台在位的第七年，由於俄羅斯境內的一些部落有動亂的跡象，窩闊台就發表戰爭動員令，命令各派貴族長子率兵西征平叛，這就是傳說中的「長子西征」，爲了響應窩闊台的號召，察合台部派出長孫不里統軍，窩闊台部由其長子貴由帶隊，拖雷部由長子蒙哥率領，而由術赤部派出的拔都擔任總指揮。

長子西征中由於蒙古各部人數眾多，實力強大，所以在戰場上所向披靡，很快就平定了欽察、北俄羅斯、南俄羅斯，攻克莫斯科、基輔等城池，征服了俄羅斯等十一個國家。

蒙古軍隊所向無敵，長驅直入，如入無人之境，一直攻打到莫斯科城，莫斯科城具有一百多年的歷史，是一座繁華的城市，可是防衛薄弱，難以抵擋敵軍的進攻，蒙古軍隊攻佔莫斯科簡直不費吹灰之力。攸利第二汗的長孫，這時正在城市中享樂，被蒙古兵突如其來地衝殺了進去，把他活捉了過來。

那支蒙古軍遠征久經沙場，真是厲害，作戰英勇頑強，全軍將士捨死忘生，不管

什麼死活，手持刀槍碰上敵人就砍，見到敵人就殺，在敵軍的陣營中橫衝直撞，如入無人之境，蒙古軍隊所到之處，勢如破竹，打得藍眼睛魂飛魄散。

攸利第二汗從沒有見到過這麼勇猛頑強的軍隊，三十六計，走爲上計，連忙帶了自己的兩個侄兒，突出了蒙古大軍的重重包圍，企圖得以逃生。但是上天並沒有格外照顧他，他還沒跑出幾十步遠，就被蒙古軍隊強弓狙擊手射下馬來，人們眼睜睜地看到他在戰場上喪失了性命。

拔都大軍一路打到亞德里亞海的威尼斯國邊界，離維也納三十里的地方，正要征服全歐洲，忽然接到窩闊台大汗逝世的消息，於是拔都下令班師。這次西征一共打了六年，嚇得歐洲人心驚膽破，稱之爲「黃禍」。

Q 耶律楚材是個人才

一二三一年，窩闊台立中書省，任命耶律楚材爲中書令。這時中書省的權力雖然不能與隋、唐、宋朝的中書省相提並論，與以後忽必烈建立元朝後的中書省也有所不同，但它畢竟標誌著蒙古政權的最高行政機構已經初步分立出來，標誌著軍政合一制開始發生變化。

一二三四年，窩闊台曾在庫里台上針對應召參加庫里台的諸王、貴戚與首領們頒佈了若干條禮儀和紀律，其中包括「不按時開會，自己設宴喝酒的」；「把公事當耳旁風的，打他的耳朵；再犯，笞；三犯，杖；四犯，論死」；「千戶官員走在萬戶官員前邊，用木箭射他」等規定。

在蒙古政權由奴隸制向封建制轉化過程中，耶律楚材是一個不容忽視的人物。尤其是在成吉思汗死後、窩闊台掌權之時，耶律楚材利用自己在蒙古汗廷的特殊地位，對蒙古最高統治者的政策施加影響，促使蒙古政權由遊牧奴隸制向封建制轉化，對蒙古政權的發展作出了傑出的貢獻。

耶律楚材還反對屠殺政策，保護百姓生命。早在成吉思汗時，耶律楚材就不斷宣傳「好生惡殺」的道理，既反對蒙古軍隊的大肆屠殺，也反對「州郡長吏，生殺任情」。

耶律楚材在全國設立了很多稅費稽查點來徵收資源稅，一年才能徵收五十多萬兩銀子，加上其他收入，數目也不太大。而那些商人提出包年，一下子就上交國家一百四十萬兩白銀，確實有一定誘惑力。但耶律楚材深知，羊毛出在羊身上，商人拿

出一百四十萬兩，就會向百姓加倍地徵收賦稅，因此他不同意採取這種辦法。

當時利潤來得最快的要數放高利貸。當時蒙古貴族不僅搶掠奴隸、財富，還勾結回回商人經商謀利，往往借貸官錢作爲本錢，實質上是挪用公款，既危害國家利益，又危害百姓。耶律楚材建議逮住這些投機倒把分子，見一個斃一個，絕不手軟姑息，這才整頓了高利貸這股歪風。

要想長命，請勿嗜酒

西元一二四一年年底，窩闊台生怕長子貴由擁兵自重，到時候誰也收拾不了他，於是就在病死前下詔命貴由班師返回蒙古本土，可是事情就是那樣不可逆轉，貴由正在途中，窩闊台已病亡。窩闊台的孫子失烈門（一說是窩闊台幼子）因年幼而無能力管理國事，政權出現了真空。

窩闊台在處理家庭事務方面是比較失敗的，這與他在兒子中偏向闊出有著很大關係，雖然同爲老爸的兒子，長子貴由很不入窩闊台的法眼，所以他想讓闊出繼承汗位，然而人算不如天算，闊出卻在一二三六年入侵宋朝的征途中夭折，窩闊台非常難過，但仍然沒讓貴由做繼承人，而是選擇了闊出的兒子失烈門。

窩闊台汗到了晚年的時候，貪酒好色，每次喝酒都是通宵不止。耶律楚材屢次勸告他，還拿去了酒槽的鐵口獻給窩闊台汗，對窩闊台汗說：「這樣堅硬的鐵口都很快被酒所腐蝕，人體的五臟六腑，遠遠沒有鐵口堅硬，哪有不受損傷的道理？」耶律楚材真是用心良苦，可惜自古忠言逆耳。

窩闊台汗對嗜酒也有所醒悟，但是江山易改，本性難移，時間一久，酒癮發作，故態復萌，狂食暴飲，依然沒有節制，有時興致來了，還歌舞助興，這樣能喝半斤的可以喝十六兩。他即位到第十三年二月，因為打獵歸來，興致很高，又多飲了幾杯酒，導致病發身亡。

窩闊台在位十三年，於一二四一年十一月因飲酒過度病逝，但窩闊台的哈敦（夫人）和近臣們卻懷疑酒中有毒，這是蒙古史上窩闊台死因之謎。《史集》與《元史》認為飲酒過量也會導致一個人死亡。於是這場窩闊台之死的風波才平息了。

垂簾聽政的乃馬真氏皇后

一二四一年，窩闊台去世，政權暫時由大皇后木哥哈敦主持，可惜她也是個薄命人，很快政權又傳到六皇后脫列哥那即乃馬真的手裏。乃馬真氏這小女人既沒有成吉思汗的雄才大略，更沒有窩闊台的睿見英識。但作爲一名典型的婦道人家，她卻知道如何利用手中的小失烈門爲自己賺些便宜，所以當政後她搜刮財物，盡情享樂，爲了加強自己的統治，她還重用外籍人士爲自己撐腰。

乃馬真氏執政期間，重用波斯女巫師法提瑪，包括封疆大臣所辦的軍國大事都要通過她做仲介，並「按照這個心腹的意見，撤掉了在合罕時被委以重任的異密和國家大臣，並任命了一批文盲、流氓等人來代替他們的職位」。這實際上是蒙古汗國初期一次重大的人事變動和治國方針的鬥爭。

乃馬真氏作爲一名弱女子，爲了能安享太平，停止了一切對外戰爭，還聽信法提瑪的話，爲了進一步讓回回商人奧都剌合蠻攬大權，她先是罷免了宰相鎭海，然後又把可汗的印章和空紙交給奧都剌合蠻，想怎麼塡就怎麼塡，蓋章就生效。雖然大臣耶律楚材堅決抵制，但沒有一點效果，反落個鬱悶而死。

世上只有媽媽好

乃馬真氏之所以要垂簾聽政，是因爲窩闊台生前與其長子貴由之間關係不很融洽，故不想讓貴由接他的班兒。可是窩闊台一死，乃馬真氏袒護貴由，決定等貴由回來後繼汗位。但是老大的位子人人眼紅，就連成吉思汗的幼弟斡赤斤也眼饞不已，想奪汗位。乃馬真氏立即遣使嚴厲地批評了他。按照蒙古習俗，汗位的繼承人還要經過庫里台選舉決定。西征軍統帥拔都威望最高，卻與貴由不和，反對貴由出任大汗。因此只得由乃馬真氏攝政。

一二四六年，在蒙古貴族和諸位大臣的強烈要求下，乃馬真氏不得不召開庫里台選汗大會。當時不少人認爲應該根據先可汗窩闊台的遺囑，讓失烈門繼承汗位。但失烈門當時還是一個尿床的小孩子，根本不能處理軍國大事。最後在乃馬真氏的努力下，她的兒子貴由最後登上了大汗的寶座。

在乃馬真氏召開庫里台會議之前，她利用自己的身分搞起了暗箱操作，暗中串

通部分代表提議貴由爲唯一候選人，在當時庫里台代表之中，西征軍統帥拔都威望最高，而且他是極力反對貴由出任大汗的中堅力量，於是他接到通知後借病缺席，導致庫里台不能如期舉行，朝政只好仍由乃馬真氏繼續主持。

爲了達到讓兒子貴由成爲可汗的目的，攝政乃馬真氏數次邀請拔都參加庫里台大會，礙於面子，一二四六年秋天，拔都派其弟別兒哥代他出席庫里台大會，這次大會在爭吵和相互妥協中順利進行，最後大會一致通過，推舉窩闊台長子貴由爲新任大汗，但由於對貴由抱有成見，拔都通電全國拒絕承認貴由的汗位。

家家有本難唸的經

拔都和貴由關係勢同水火，難道他們之間有著深仇大恨？其實不然，拔都是成吉思汗長子術赤的次子，由於大哥撒里塔有自知之明，所以主動讓賢，讓他繼承了老爸的全部財產和政治資源，而貴由是窩闊台長子，窩闊台和術赤又是兄弟，如此算來貴由和拔都應該是親叔伯兄弟，應該是自己人才對。

貴由和拔都的恩怨來源於他們老爸，雖然他們老爸是兄弟，但在政治層面上，窩闊台地位要高於術赤，尤其是在和察合台共同攻打玉龍傑赤時，術赤與察合台由於戰術見解分歧導致蒙古大敗，術赤損失慘重，雖然後來窩闊台出面解決了此事，但在回國向父皇述職時卻只有窩闊台和察合台受到了成吉思汗接見。

本著榮譽共用、責任推讓的原則，在窩闊台和察合台向成吉思汗彙報玉龍傑赤戰況時，二人不約而同地把戰敗的責任都推給了術赤。可憐的術赤損兵折將還背了這麼一個大黑鍋，從此他對窩闊台和察合台心生怨恨，後來在成吉思汗公開徵求繼承人選拔建議時，察合台、窩闊台又當面罵術赤雜種，讓他們關係徹底決裂。

由於術赤是老媽被敵人搶跑之後生下的，所以弟兄們都認爲他沒資格繼承汗位，察合台更是罵他雜種，成吉思汗雖然訓斥了察合台，但最後仍選擇窩闊台繼位，術赤知道這是窩闊台和察合台二人結盟的產物，因此他雖然表面上對汗位歸屬噤若寒蟬，但暗地根本不承認窩闊台的汗位。

成吉思汗有四個兒子，窩闊台和察合台結成了聯盟，那麼自然術赤和拖雷也就關係非常緊密，於是在蒙古黃金家族中就自然形成了拖雷系和窩闊台系兩大派系。而且他們把這種恩怨又進行了傳遞，造成兩派後代之間無法打破的隔閡，所以在選舉貴由做可汗的問題上，拔都堅決投了反對票。

虧空國庫最厲害的大汗

貴由如願當選大汗，但貴由剛當上一把手不久，乃馬真氏就因病一命嗚呼了。貴由即位後，第一件事就是審訊法提瑪。因爲當時有一個波斯人告發：「說她對闊端行巫蠱，使他得了病。」接著就傳來了闊端去世的消息。於是貴由下令對這位民憤極大的波斯女巫進行審判。當她在棍棒拷打下承認之後，就把她身體的上下之口都縫住，讓她再也發不出聲響，裹在一塊大氈裏拋進了水中。

貴由雖然有宏圖大略，可惜愛虛誇。與其父窩闊台一樣，視金錢如糞土，大肆地賞賜，他下令打開府庫，以金銀財寶分賞諸王、貴戚、大臣等。僅一次就花費七萬錠，以此揮霍，企圖宣揚自己的名聲超過其父。可是事實上，虧空國庫是比他爹厲害，但他的治國之道遠不及他父親和祖父。

貴由即位後沉溺於酒色，從而使身體日益虛弱，他統治的二年中，就常精力不足，體弱多病，腰膝痠軟而不能親自料理政務，重大事情只得委付親信林臣鎮海、合答裁決。所以當時出現「法度不一，內外離心」的日益衰敗的局面。

怪病的醫治法

在老媽的無私幫助之下，貴由很快坐穩了汗位，但他始終不忘遠在西域欽察汗國的拔都。爲了達到打擊報復拔都的目的，一二四七年冬，蒙古大汗貴由對外宣傳自己得了怪病，據傳只有內蒙古科左中旗六家子鮮卑墓群那裏的水才能解除他的病痛，所以他積極率大軍西巡、休養。

拔都的粉絲唆魯禾帖尼王妃和忽必烈兄弟聽到貴由西巡的消息後，經過評估分析得出結論，貴由此行必有陰謀。從行動方向上看，估計和欽察汗國的舊仇有著莫大關係，於是唆魯禾帖尼王妃立即派出密使向拔都通報了這一消息，並把自己的分析一併送上，提醒拔都早作準備。

拔都接到貴由可汗可能會對自己動手的信之後，他個人認爲應該兵來將擋水來土掩，然而他手下的一個謀士卻認爲，既然貴由自己送上門來，拔都就應該主動熱情迎接，以放鬆貴由的警惕，然後再趁貴由毫無防備，暗中擺他一道，這樣比戰爭更方便，拔都感覺很正確，就依計施行。

西元一二四七年秋，貴由任命野里知帶爲征西軍統帥，率兵西進，統轄波斯地區，借機與拔都相抗衡。第二年春，貴由以都城和林氣候不好，葉密立的水土有利他養病爲藉口，親率大軍離開和林而西進。

西元一二四八年三月，貴由也走了窩闊台的老路，在葉密立以東途中突然病死（一說是貴由已到了氣候宜人的葉密力河畔的橫相乙兒，並在那裏居住下來，不久，因患有手腳痙攣症病，死在該地）。貴由終年四十三歲，死後葬於起輦谷（一說葬在生前的封地葉密力），廟號定宗，追謚爲簡平皇帝。

對於元定宗貴由非正常死亡的原因，雖然有著多種版本，但不管哪種說法都毫無例外地和拔都扯上了關係，但由於沒有人證物證，所以貴由之死也就成了千古懸案。貴由死後，拔都力挺拖雷的兒子蒙哥即位，於是汗位又掌握在黃金家族的拖雷派手中。

＊微歷史大事記＊

西元一二二九年，窩闊台即位。

西元一二三〇年，窩闊台親自率領大軍討伐金朝。

西元一二三四年，即太宗六年，窩闊台命失吉忽禿忽為中州大斷事官，全面編籍中原戶口。

西元一二三六年，即太宗八年，下令將中原民戶分與宗室和功臣。

西元一二三九年，元太宗十一年闊端命其部將進軍吐蕃。

西元一二四六年，乃馬真氏召開庫里台選汗大會，貴由即位。

西元一二四七年五月，元定宗二年闊端和薩班，共同達成了吐蕃歸附蒙古帝國的協定。

西元一二四八年三月，定宗卒，皇后海迷失后欲再立失烈門聽政。

第三章

不要迷戀

蒙哥不是傳說

貴由神秘死亡後，攝政斡兀立．海迷失皇后希望汗位依舊能夠在窩闊台集團內部傳承，於是她們在貴族中四處遊說，加緊斡旋，爭取支持者，在她的遊說名單中就有拖雷的遺孀唆魯禾帖尼，唆魯禾帖尼雖然表面答應，但暗地裏卻也一直在爲兒子蒙哥拉票助選，最後在拔都的幫助下，蒙哥如願以償登上汗位。

看到貴由老大去世後留下的空缺汗位，術赤長子拔都以宗長身分閃亮推出蒙哥爲大汗繼承人。窩闊台系諸宗王卻聯合抵制。於是拔都派弟別兒哥率軍護衛蒙哥東還，並定於來年在斡難河、怯綠連河召開大會，窩闊台系諸宗王拒不赴會，他們想用這種方式讓蒙哥放棄選舉權。

拔都強權在握，根本就不顧他們的抵制，於一二五一年夏，在闊帖兀阿闌舉行大會，把蒙哥捧成了老大。隨即將反叛的窩闊台系諸王一一處死。蒙哥登大汗位，委其弟忽必烈領漠南漢地軍政事宜。頒發政令，革除前朝弊政。

嚴厲而公正的領袖

成功當選爲大汗的蒙哥是一個沉默寡言、不好侈靡的奇怪孩子。他唯一的樂趣是

打獵。他使札撒和祖輩的戒律恢復其原來的嚴厲性。他是一位能幹的領袖和嚴厲而公正的管理者（他支付了他的前輩們簽字而未付款的大量票據），他是一位頭腦冷靜、有理智的政治家，一名優秀的戰士。

他完全恢復了成吉思汗建立起來的強有力的機器。在任何情況下，他都沒有放棄他的種族特徵，他加強了行政管理機構，把蒙古帝國建設成爲一個正規的大國。

針對窩闊台以來汗廷重臣和諸王貴族以權謀私情況，蒙哥大汗對官吏規定了嚴格的紀律，禁止中央政府官吏勾結商人放高利貸，不准他們貪汙受賄，也不允許他們直接逮捕人；既不允許官吏私設公堂、魚肉百姓，又要求他們對瞭解到的案情及時上報大汗，將刑法大權收歸中央政府和大汗。

一二五二年，蒙哥派出使者到漢地進行人口普查，規定所有人戶均以現居登記入籍，與本處民戶一體依例當差，違背者本人處死，財產沒收。經過這次人口普查，全國戶數比窩闊台時增加了二十餘萬戶。

蒙哥可是家世顯赫，他娘是克烈部公主唆魯禾帖尼，因爲他娘信聶思托里安教，他也就傾向聶思托里安教信仰。但是他同時也傾向於佛教和道教。一二五一年至一二五二年間，他任命一位道教首領和佛教國師作他的貼身秘書，前者是李志常道士，後者是來自西土的那摩喇嘛。

蒙哥當老大時才四十三歲，當政期間，表現優異，他是繼成吉思汗之後最傑出的蒙古大汗。一二五二年，當了老大的蒙哥命忽必烈收拾大理，諸王也古去拾掇高麗。一二五三年，又派弟旭烈兀西征，塔塔兒帶撒里等征欣都思（印度）、怯失迷兒（喀什米爾）等國。

蒙哥最終好像稍微傾向於支持佛教徒，特別是在一二五五年辯論會之後，會上道士們被指控傳播僞經，歪曲佛教起源。總的說來，蒙古統治者利用各種宗教爲其政治目的服務。正是爲了這一目的，他把海雲和尚作爲佛教徒的首領派到佛教徒中，把同樣獻身於蒙古利益的人派到道士中去。

出師未捷身先死

蒙哥汗繼承皇位以後，聽說被南宋囚禁的蒙古使者月里麻思被南宋處死，本來他正在朝思暮想向南進軍，真是想吃空心菜，來個賣藕的；瞌睡來的時候，別人送來了枕頭，這時真是機會到了，於是就派遣大軍向南挺進，留下年少的弟弟阿里不哥駐守

和林城。

蒙哥交給忽必烈的任務的確是一個挑戰，他要率領蒙哥汗四支軍隊中的一支去征服南中國，一二五七年六七月間，蒙哥前往成吉思汗舊殿朝聖。在那裏，他舉行了祭奠儀式，祈求這次新的軍事冒險能夠成功。進攻一開始很順利。到一二五八年三月，他的軍隊已經攻陷了四川重鎮成都。

蒙哥汗從成都長驅直入進入閬州的地界，正準備攻打卻聽到守城將領楊大淵投降的消息，原來楊大淵是個軟骨頭，沒開一槍就把城市拱手相讓。收服閬州以後，蒙古軍隊繼續圍攻合州，蒙古人以漢制漢，先派遣宋朝投降將領晉國寶，對守城將領王堅進行勸降，王堅是塊硬骨頭，很有骨氣，堅決拒不投降。

一二五九年三月，在佔領成都一年後，蒙哥召集高級軍事將領舉行宴會，討論將來的策略。蒙哥力排眾議，表示要堅決推進他的計畫，不惜一切代價佔領和州。不幸的是，他的努力註定要以失敗告終。從三月下旬到五月初，他的軍隊反覆攻擊這個城鎮，但是一點作用都沒有。

蒙古的先鋒將軍汪德臣在軍隊挑選精幹的軍士組成敢死隊，當時準備齊全攻城的器具，軍士們捨死忘生，在秋天漆黑漆黑的夜晚督促士兵發起猛攻，登上城牆，王堅大敵當前，也鎮定自若，率領軍隊頑強抵抗。兩支軍隊奮勇地激戰了一個通宵，第二天天明的時候，城牆上，城牆下，屍如山積，流血成河，慘不忍睹。

和州之戰，雙方的傷亡都很慘重。雖然蒙哥並沒有灰心，堅持繼續進攻，但是王堅的軍隊巋然不動。在一次進攻中，汪德臣率領他的人馬搭起雲梯要摧毀城牆。當他爬上梯子的時候，他看見了王堅並催促這個宋將趕快投降。王堅搬起石頭砸向侵略者，其中一塊砸死了汪德臣。

南宋的軍隊在王堅的帶領下，同心同德在和州抵抗蒙古軍隊，王堅審時度勢，找到機會打開城門奮勇出戰，全軍將士奮勇當先，爭先恐後，誓死如歸，與敵軍展開激戰，戰爭一直持續到當天晚上，蒙哥汗遭遇強手，無法取勝，只得後退十里安營紮寨。

面對宋將王堅這個硬骨頭，而且他恃險堅守，怎麼都打不下，這時候已經是盛夏了，大雨不斷，天氣暑濕，軍中疫癘流行，士兵大多病死了，蒙哥也很悲情，蒙哥汗因爲駐兵在城市外面，將近半年的時間，毫無進展，這時又遇到手下的良將受傷死亡，憤怒中更感到無限的悲傷。

蒙哥汗損兵折將卻沒能攻破和州防線，非常鬱悶，沒想到由於過度悲傷，一向

體質很棒的他也不幸染疾，只得登上釣魚山，安心養病，結果由於病勢沉重，不治身亡。出師未捷身先死，七月死於釣魚山。元軍只好用兩隻驢子，裝載著他的屍體，悄悄向北撤退而回。蒙哥死後被追謚桓肅皇帝，廟號憲宗。

巴格達之戰

蒙哥大汗去世爲元帝國帶來了暫時的噩運，元憲宗七年九月十日，旭烈兀派急使到巴格達的哈里發處勸降，經過反覆交涉，哈里發這個老頑固仍然不肯出城投降。同年十一月，旭烈兀指揮蒙軍分三路包圍了巴格達。二月十三日，哈里發實在頂不住就投降了，蒙古軍隊進城開始了大規模屠城，死亡人數據說接近十萬。

敘利亞之戰

元憲宗九年旭烈兀又開始了對敘利亞和埃及的侵略戰爭，戰場上卻聽到蒙哥死訊，旭烈兀將前線軍事委託給大將怯的不花，自己返回蒙古。怯的不花領軍攻陷大馬士革。埃及統帥借機集合主力在大馬士革以南的阿音札魯德與蒙古軍隊決戰。結果蒙軍先勝後敗，主將怯的不花被殺，蒙軍幾乎全軍覆沒。

＊微歷史大事記＊

西元一二〇九年一月十日，蒙哥出生。

西元一二五一年，蒙哥大汗即位。

西元一二五一年，忽必烈即受命統領漠南漢地軍民事。

西元一二五二年，蒙哥派出使者到漢地進行人口普查。

西元一二五二年，憲宗命忽必烈征大理，諸王也古征高麗。

西元一二五二年，即憲宗二年，幼子阿里不哥繼承了拖雷家族的真定食邑。

西元一二五三年，憲宗遣弟旭烈兀西征，塔塔兒帶撒里等征欣都思（印度）、怯失迷兒（喀什米爾）等國。

西元一二五八年，元憲宗八年，蒙哥、其弟忽必烈和大將兀良合台分三路大舉進攻南宋。

西元一二五九年八月十一日，蒙哥卒。

西元一二六六年十月，太廟建成，制尊謚廟號，元世祖忽必烈追尊蒙哥廟號為憲宗，謚號桓肅皇帝。

第四章

元世祖篇

魂牽夢繞之元朝

第四章

元世祖篇

魂牽夢繞之元朝

忽必烈是成吉思汗之孫，監國拖雷第四子，蒙哥之弟。一二五九年八月，忽必烈率軍渡過淮河，不久傳來蒙哥去世的消息，有人建議忽必烈回師和林奪取汗位，忽必烈認爲不能草率收兵，仍率主力攻克了大勝關，其漢軍主將張柔父子等攻克了淮南險要的虎頭關，蒙古名將霸都魯與淮南宋軍主力決戰於掛車嶺，宋軍大敗南逃。忽必烈的軍隊與九江隔岸相望，準備強行渡江。

丁大全主張遷都以避蒙軍之鋒。而賈妃族兄賈似道，卻大搞政治投機，想發戰爭財，公開反對遷都，堅持抗戰，從而撈取了一筆政治和經濟資本。宋理宗任命賈似道爲丞相兼樞密使，率十萬禁軍支援鄂州，扼守長江要衝。南宋將領呂文德則率軍從重慶順流而下，進援鄂州，乘夜突圍入城。

和林的阿里不哥進一步加緊了奪權活動：他一面派出數路使者，通知諸王大臣會商和林，並舉行庫里台選汗大會；一面派親信脫里赤等到燕京一帶拉壯丁，征軍糧，企圖將忽必烈的領地控制在自己手裏。郝經等再次建議忽必烈及時班師，說：該進則進，該退則退，凡事應該以祖宗爲念，以社稷爲念，以天下蒼生爲念。

郝經爲蒙軍制定了周密的撤軍計畫。忽必烈採納了郝經的建議，準備撤軍北歸。但爲了迷惑敵人，便採用《孫子兵法》中聲東擊西的戰術：他就聲稱要發兵直趨南宋

首部。賈似道害怕得要尿褲子，立即派使者宋京求和。宋答應將長江以北劃歸蒙古，向蒙古稱臣，每年納貢二十萬兩匹銀絹。

忽必烈立即把東路軍兵權交給霸都魯、兀良合台，令其率軍撤回江北，自己則輕裝簡從，帶著劉秉忠、姚樞、郝經、廉希憲、阿合馬、董文忠兄弟日夜兼程，奔回北方。在北歸途中，他進一步瞭解到阿里不哥企圖奪權的跡象，立即遣急使到鄂州，命令霸都魯、兀良合台立即撤圍北歸。

在忽必烈返回營地途中，曾接到阿里不哥提議的和林的選汗大會通知，但他沒有參加，而是立即解散了阿里不哥的親信脫里赤所召集的軍隊，然後從容返回開平，支持忽必烈的耶律鑄和木哥親王由於受到阿里不哥的打壓，很快逃離和林，來到開平，投奔忽必烈，幫助忽必烈競選大汗。

一二五九年年底，忽必烈許宋議和，自己輕車簡從北返，駐燕京近郊。一二六〇年三月，他返回開平，召集塔察兒等宗王大將，即在開平舉行選汗大會。元世祖中統元年（一二六〇年）三月一日，諸王貴族共召開二十四天的會議，一致選舉忽必烈爲蒙古汗國大汗，並舉行了隆重的即位儀式。

確立制度

元朝的政治制度在元世祖忽必烈時基本上確定下來，忽必烈根據漢族謀臣的建議，採用了唐宋以來中央集權的政治制度，並在原來的基礎上升級改造。元朝的中央機構有中書省、樞密院、御史台、宣政院等。中書省總理全國行政事務，由太子任中書令，下設右左丞相、平章政事等，下轄吏、戶、禮、兵、刑、工六部。

西元一二六三年，忽必烈沿宋金舊制，設樞密院，負責全國軍務。樞密院的設置，標誌著元朝軍事制度的逐步完善。至元五年，忽必烈為了糾正「任職者多非其材，政事廢弛」的現狀，根據漢人張雄飛、西夏儒生高智耀的建議，仿效前代，在中央設立御史台，相當於現在的中紀委，監察效果相當好。

在忽必烈剛剛當上皇帝的中統元年，就設立了十路宣撫司，並在各路都設立了農科所，從中央派出八名通曉農事的官員為八路勸農特派使，由他們分頭去考察各地的農業生產情況。接著又發佈了官吏升降的條例，明確規定人口是否增加，經濟是否發展，作為考察地方官吏的主要標準。

今天，算你對

阿里不哥不承認忽必烈的大汗地位，並召集自己的親信在和林舉行庫里台選汗大會，推舉自己爲蒙古大汗，隨後派兩支軍隊南下討伐忽必烈。忽必烈御駕親征。雙方在和林郊外擺下了戰場，阿里不哥戰敗，被迫退至其領地乞兒吉思之地，派使者向忽必烈假投降。忽必烈留下軍隊保衛和林，自己回師開平。

一二六四年春天，是個饑荒年。阿里不哥部下將士多逃至駐在阿勒泰地區的札布汗河上的玉龍答失，共商歸降忽必烈。阿里不哥眾叛親離，又怕阿魯忽報復，走投無路，不得不投附忽必烈。阿里不哥來見忽必烈請罪。忽必烈問他說：「我和你誰對？」阿里不哥回答說：「在以前，是我對。今天，算你對。」

重農又重商的元朝

至元七年，在中央正式成立司農司，「專掌農桑水利。忽必烈不僅在中央和各地設立了專門負責農業生產的機構，而且專門派出了督促農業生產的官員，責成各級官吏、各有關部門甚至包括提刑按察司都要過問農業，並把農業生產的好壞作爲官吏升降的主要標準。

忽必烈多次下達涉農詔書，這種重農政策對元初農業生產的恢復和發展起了一定促進作用。因此，元朝出版了三本有名的農書，即《農桑輯要》、《農書》和《農桑衣食撮要》。元政府又出面組織編寫和印刷農書，這在我國歷史上還是很少見的。

爲了達到「田野辟」、「戶口增」的目的，忽必烈還頒佈了一系列命令，禁止蒙古軍隊的掠奪、屠殺及其他破壞農業生產的行爲。一二七一年，忽必烈頒佈了《戶口條畫》，在全國進行了一次戶口大清查，將諸王貴族、權豪世家非法占爲「驅口」的百姓追查出來，由各個地方給他們上戶口，編籍爲民。

忽必烈採取各項惠農政策措施的同時，還對各地災民實施救濟。自忽必烈上台以後，各種救濟也是史不絕書。跟現在有些人口負增長的國家一樣，還採取獎勵生育的措施，如中統二年九月，河南有個農民叫王四，娶妻靳氏，一胎生了三個，結果三個孩子都享受了國家民政買單贍養。

民以食爲天，食以糧爲本。土地是農業生產的主要生產資料和勞動對象，農民是

封建社會的主要勞動力。在生產力水準很低的封建社會裏，勞動人手增加了，耕地面積擴大了，農業生產就會不斷提高，國家的財政就會得到可靠保證。

所謂無農不穩，無商不發，元朝既重農又重商，重視商業，信任商人，很多中小企業都可以輕鬆地由政府牽頭貸款做生意。國家直接派人經營多種官營商業，實行政府專賣，壟斷專利。同時，元朝政府還任用各族商人出任中央政府的高官和各級政府的官吏。因此元朝的商業、交通和對外經濟文化交流都比較發達。

元朝統治者重視商業，無非是爲解決「民生」與「國用」的問題，是爲了滿足統治階級的需要，解決國家的財政問題。面對接連不斷的戰爭以及迫切需要恢復的各項事業，財政問題成爲新政權能否存在下去的關鍵。龐大的財政開支只靠農業稅收難以維持，因此發展商業、信任商人成爲忽必烈解決財政問題的重要手段。

正是在重視商業的情況下，出身漢族的財政官員王文統、出身花剌子模的阿合馬、吐蕃人桑哥以及漢族商人盧世榮等，才先後以理財、經商，從一個生意人，變成國家公務員，並依靠自己殷實財力爬上了高位。在忽必烈掌權的三十五年中，有近三十年都是利用這些人理財經商，他們發揮自己的專長解決了國家的財政困難。

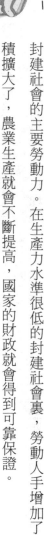

十八歲宰相

元世祖忽必烈堪稱ＭＢＡ專家，他不但是中國歷史上傑出的帝王，建立了中國歷史上最大的版圖，而且他更能慧眼識才，唯才是用。比如他把十八歲的安童任命爲丞相就是他不重資歷，大膽提拔人才的一個例證。安童是元初「開國四傑」之首木華黎的孫子，他與眾不同的成熟和穩重，不願倚仗祖輩功勞的蔭庇，而是樹立大志，勤奮學習。

元世祖與阿里不哥爭王位得勝後，拘捕了阿里不哥的黨羽千餘人，世祖問安童，「我想宰了他們，你看怎麼樣啊？」安童說：「人各爲其主，他們跟隨阿里不哥也是身不由己，這由不得他們選擇。陛下現在剛剛登上王位，要是因爲洩私憤而殺了這些人，那又怎麼能讓天下人誠心歸附呢？」

又過了兩年，品學兼優的小夥子安童已經十八歲了。元世祖看他處世練達，辦事果斷，爲人穩重，足智多謀，就把安童提拔爲中書右丞相。安童一生都身居要職，直到四十九歲因病去世，共爲元世祖效力三十一年，爲元初國家的穩定和繁榮作出了巨

大的貢獻。用一個十八歲的年輕人爲丞相，這在大一統的王朝中，甚至直至今日，也是絕無僅有的。

Q 不死心的阿里不哥

一二六一年秋，忽必烈因賈似道背信棄義，扣押了蒙古汗國的議和使團郝經一行，準備南下伐宋，並頒發了一份討宋檄文。阿里不哥乘機再次叛亂，雙方相持半年，阿里不哥因爲缺少糧草供給，漸漸支撐不下去了。爲了擺脫困境，阿里不哥派使者率領一支軍隊到察合台汗國去搞搶掠的勾當。

察合台汗國可汗阿魯忽向忽必烈表示，不願與阿里不哥一起反叛，願意誠心擁戴忽必烈爲大汗。阿里不哥放棄和林，率軍攻進察合台汗國。進入察合台汗國後，阿里不哥的軍隊燒殺搶掠，無惡不作。蒙哥汗妃和她的兒子們也對阿里不哥極爲不滿，向其索回傳國玉璽跳槽跟了忽必烈。陷於絕境的阿里不哥只好又投降。

李璮叛變

中統二年秋，乘阿里不哥攻佔和林、忽必烈親征之機，漢軍萬戶李璮在山東地區發動叛亂。李璮的父母本是山東義軍紅襖軍的領袖李全和楊妙真。李全夫婦曾一度投降宋朝，成吉思汗南征時被打敗，方才歸附蒙古汗國。窩闊台大汗在位時，李全在一次與宋軍作戰中戰死，李璮承襲父職。

李璮以王文統爲頭兒，企圖獨霸山東。後令其子李彥簡拜王文統爲師，王文統又將其女嫁給了李璮，從此二人成爲親家。後來忽必烈任命王文統爲中書省平章政事，李璮則企圖與王文統裏應外合，伺機造反。在忽必烈大軍從和林往開平撤退時，李璮正式發佈討蒙檄文，舉兵造反。他指揮自己的軍隊全殲了當地的蒙古軍。

李璮的南宋援軍夏貴與青陽夢炎一進山東，發現蒙軍、漢軍人多勢眾，嚇得不敢繼續前進，悄悄撤了回去。濟南內無糧草，外無救兵，成爲一座死城。最後，濟南被攻破，李璮被殺。李璮作爲漢軍世侯、地方大員，專制山東三十餘年。在他叛亂之前，曾寫信給山東、河北世侯，企圖得到大家的支持。但人家都不買賬。

史上最早的外語學校

忽必烈重視儒學，希望由儒學培養一批「治國安邦，經國安民」的人才，讓人們任各級宣傳官員，宣傳遵守「三綱五常」的道理，藉以鞏固自己的統治。但在整個元代，儒學並未提高到獨尊的地位，在佛、道、儒三教中，儒教一直被排在第三。朝廷大臣中，也很少有人留意儒學，因此在元朝，學校的恢復是十分緩慢的。

到至元二十四年，元朝在中央設立蒙古國子學和回回國子學，蒙古國子學學習的內容是用蒙古文翻譯的《通鑒節要》等，學員學有成就，出題試問，依學員精通程度，授予官職；回回國子學是至元二十六年設立，學習波斯文，主要任務是培養波斯文翻譯員。這是我國歷史上最早的外語學校。

元朝的書院大部分具有地方官辦學校性質，雖其學術作用並不太大，但它對元代教育文化的普及和理學的傳播卻有較大貢獻。民間的私立書院，則為各地鄉鄰子弟提供了學文化的機會，主要不是進行學術研究，而是做普及工作或為科舉做準備。

宋朝求和

宋軍知道蒙古軍隊到來，駐紮重兵，沿江防守，嚴陣以待，長江中也安排有大船駐紮那裏，防衛非常嚴密，但是宋朝一直是文官政治，武備非常糟糕，那些將軍都是酒囊飯袋，沒有戰術，缺乏勇氣，聽說蒙古軍隊到來，還沒有與敵軍交戰都喝足了水，免得待會尿褲子時水分不夠，可見他們沒有絲毫的勇氣。

蒙古軍隊攻勢更加兇猛，各路大軍圍困鄂州。整個南宋大為震動，但是朝廷啓用了一個奸邪的小人賈似道，他貪贓枉法，巧言令色，趁機大發國難財。他把軍隊集中在漢陽，作為鄂州的後援部隊，賈似道在作戰方面既無膽量，也無謀略，宋朝皇帝用他真是眼睛沒擦亮。

賈似道率領軍隊逗留在路途中，各位將領也自由散漫，不遵守軍隊的紀律和約束。那裏剛好聽說鄂州的守城將領張勝戰敗身亡，城市中死傷慘重，多達一萬三千人，賈似道感到非常恐懼，秘密派遣心腹將領王哀，到蒙古軍營，拜見忽必烈，請求向蒙古稱臣，每年交納錢幣。

對於宋朝求和的要求，忽必烈語氣強硬，剛開始沒有答應，他的部下郝經勸告他，他才如醍醐灌頂，翻然省悟，就與宋朝京城達成和平協定，他命令宋朝向蒙古獻出長江以北的地區，另外每年向蒙古交納白銀和絹各二十萬，就撤退軍隊凱旋班師，返回了北方。

皇帝實在太好騙

賈似道看見蒙古軍隊向北撤退，發起反攻，命令部下將領夏貴等人，追殺蒙古軍隊後衛軍士百多人，向皇帝謊報軍情說，宋朝各路大軍都取得了勝利，把獲得的蒙古俘虜獻給宋國朝廷。頭腦糊塗的宋朝皇帝宋理宗，竟然相信了他騙人的鬼話，讚賞賈似道新立戰功，召喚他返回朝廷，封賞他爲衛國公，加官晉級。

在賈似道一夥的把持下，南宋日益走向腐敗和衰落。瀘州驍將劉整率軍民三十萬投降忽必烈，並向忽必烈提出了進軍襄陽，從中間突破，攻佔臨安的滅宋方案。忽必烈接受了這一方案，任命劉整爲都元帥，與大將兀良合台圍困襄樊。阿合馬以七萬水軍，配合史天澤攻陷樊城，合圍襄陽。宋軍守將呂文煥開城投降。

宋度宗去世，賈似道立其幼子趙顯爲小皇帝。賈似道率領的十三萬宋軍被伯顏殲滅，震動朝野，賈似道被削職爲民，後被押送的軍官所殺。太皇太后下哀痛詔，動員各路軍民勤王。江西的文天祥散盡家財召集了五萬義勇軍，從陸安開拔。宋蒙焦山之戰，南宋大將張世傑的十萬水軍主力幾乎全軍覆沒，南宋元氣大傷。

至元十三年，忽必烈令伯顏向宋朝下戰書，三路大軍很快進至臨安城下。南宋丞相陳宜中等逃離臨安，不知去向。文天祥被太皇太后任命爲丞相兼樞密使，出使元軍大營議和。他要求伯顏存其社稷，並從臨安撤軍。伯顏扣押了文天祥，南宋太皇太后等不敢繼續抵抗，將傳國玉璽與降表送至元營。

文天祥中途逃跑。至元十六年，南宋的最後一支軍隊在崖山被殲，陸秀夫抱著小皇帝跳海自殺，文天祥被俘，被押解回大都。忽必烈親自出馬，勸說文天祥出任元朝的宰相或樞密使，但文天祥誓死不投降元朝，後被處死。元朝統一中國。

獨到的帝師制度

忽必烈即位後，爲鞏固蒙元帝國對吐蕃的統治，將薩迦五祖八思巴封爲國師、總

領天下釋教。派八思巴與白蘭王一起返回吐蕃，一是開闢一條從吐蕃至燕京的高速公路，二是正式建立吐蕃地方政權。八思巴建議仿照內地的驛站制度，從青海起直至薩迎，清查沿途人口、物產、道路情況，開闢高速，設置服務區。

元朝實行了獨到的帝師制度：從八思巴起，元朝皇帝從薩迎派高僧中送選一個得道高僧當皇帝的老師，並主持皇廷的重大佛事活動。皇帝即位前需受佛戒六次，后妃也需接受灌頂；帝師乃全國佛教最高領袖，在中央設宣政院（原總制院），由帝師兼任宣政院使，與中書省等平行，帝師還可以自主招生。

藏傳佛教成為主流

忽必烈利用藏傳佛教順利實現了對全吐蕃宗教的統一。藏傳佛教在蒙古帝王的崇信和支援下，得到迅速發展，從而衝破蒙古人原始信仰薩滿教的阻力，使藏傳佛教的思想文化，逐漸與蒙古民族的傳統文化相融合，成爲蒙古社會思想文化的主流。八思巴佐世祖輔治吐蕃，奠定了藏族統一了中華多民族大家庭的基礎。

忽必烈令漢軍讓步兵手持長矛，在炮火掩護下發起進攻。雙方炮火連天，箭矢如雨，喊殺聲驚天動地，士兵、戰馬死傷累累。人們只見雙方發矢蔽天，猶如暴雨。雙方騎卒墜馬而死者為數甚眾，陳屍滿地。死傷之中，各處聲起，猶如雷震。結果，乃顏兵敗被殺。乃顏餘黨合丹等繼續北逃，至元十八年將其最後消滅。

忽必烈的歷史功績

忽必烈在位三十五年，主要歷史功績是建立元朝和統一中國，統一的範圍規模超過漢唐盛世，對中華民族的歷史發展影響深遠，拓展了統一的多民族國家的疆域。元朝繼隋唐之後，將一些邊疆地區又一次納入中國版圖，其疆域超過隋唐。

一些自秦漢以來的羈縻統治區域也被元朝納入中央王朝的直接統治區域，實施有效的行政管理。台灣、雲南、吐蕃，成為中國不可分割的一部分；第二，加強了國內各民族之間的聯繫。元朝統一後，許多少數民族進入中原地區，他們帶來了少數民族的生產技術和文化藝術，豐富了中原地區的經濟、文化生活。

許多漢人遷到蒙古、西域、東北、雲南地區，帶去了漢族地區先進的農業、手工業生產工具和生產技術，為祖國邊疆的開發作出了貢獻。為適應大一統的局面，元朝

在各地設驛站、修驛道。驛道四通八達，有利於物資交流和商業發展，也加強了各民族間的文化交流與發展。

開放的對外政策

忽必烈非常注重中外經濟文化交流，元朝皇帝名義上一直是大蒙古汗國的宗主，並把自己看做整個天下的主宰，因此他們採取改革開放的政策。當戰爭基本結束以後，他們還企圖通過和平交往的方式，進一步擴大自己的影響，所以元朝的對外政策一直是開放的，這對於發展中外經濟文化交流起了一定的促進作用。

元朝與亞洲其他國家以及與歐洲的經濟文化交流也十分密切。歐洲傳教士、商人大批東來，中國人也有到達歐洲的。如至元十五年，生長於大都的景教徒騷馬前往耶路撒冷朝聖。至元二十三年受伊兒汗國國王之命出使羅馬，船經君士坦丁堡至那不勒斯登陸。

馬可・波羅遊記

忽必烈前往法蘭西，受到國王菲利浦四世的接見，並參觀了巴黎大學，會見了英國國王愛德華一世。歐洲最著名的旅行家馬可・波羅正是在這時來到中國，在中國整整生活了十七年，並曾出任揚州的地方長官，任職三年。他把中國的文明介紹給歐洲人，從而開闊了中世紀歐洲人的眼界，引起了歐洲人尋找中國的強烈興趣。

漢化色彩的統治風格

忽必烈從青年時起受漢文化影響較多，即位後又多倚靠漢人地主的支持，所以他的統治日益帶有漢化色彩。一二七一年，正式仿效中國王朝建國號為大元，取《易經》乾元之義。一二七二年改金中都為大都（北京），宣佈在此建都成為中國的一個統治王朝。一二七六年南宋降，一二七九年追滅南宋衛王於崖山，完成多民族的統一國家。

忽必烈即位後，採納高僧子聰等幕僚的建策，依據漢人封建王朝的傳統，頒佈即位詔，稱皇帝。自成吉思汗建立蒙古國家以來，從未建立年號。忽必烈始建元「中統」，下詔表明他是中原封建王朝的繼承人。忽必烈借鑒了蒙古、金、宋等國的政治制度，設立行省制度，對某些特殊地方則靈活採用不同的制度，如對吐蕃地區就採用政教合一的制度。

忽必烈是個狠抓務實的皇帝，他爲了促進多民族統一，元朝實行了非常特殊的戶籍制度，重新開鑿大運河，使原來水陸並用的大運河成爲真正的運河。開闢海運，用了三十年時間，開闢了從劉家港（今上海）至直沽的近海航行。陸路交通也大力開拓，設驛道、驛站，被稱爲「星羅棋佈，脈絡相通」。

忽必烈很有經濟頭腦，充分利用原蒙古西征的有利條件，發展了同中東、歐洲的交往。他允許並鼓勵各國商人在國內經商或經營國際貿易，對各種宗教、文化採取相容並蓄政策，甚至允許歐洲的商人、教士往來中國和歐洲之間。忽必烈還親自詢問威尼斯商人尼哥羅兄弟，瞭解歐洲狀況。

唐朝之後最開放的朝代

這個時候的中國應該是繼唐後最開放的國家，西方天文、數學、歷史、地理、醫學都在這個時代進入中國，如歐幾里德幾何學就在那時傳入中國。忽必烈甚至讓阿拉伯建築師黑迭兒參加元大都皇城和宮殿的設計和建設。中國使節也到達法國、義大利等歐洲國家。商船還到達非洲，忽必烈創立的元朝，是中國歷史上同世界交往空前的朝代。

忽必烈不但結束了中國長期的南北分裂狀態，而且實現了遼東、漠北、西域、吐蕃、雲南等地區的空前大統一。特別是吐蕃地區首次併入版圖。他還使各民族人員空前大批相互流動，形成元帝國文化多樣性的顯著特色，尤其是精通漢文化的各族文人學者的湧現，更是前朝沒有的盛事。這其實奠定了中華帝國真正統一的基礎。

帝王們的摯愛——象輦

古代帝王出行的排場非常大，在長長的儀仗隊之後，一輛外形豪華的轎「輦」出現了，而這輦裏坐的就是皇帝。這輦雖然看上去像轎，但並不是轎，而是一種車，有時候被人抬著，如「步輦圖」中的唐太宗就是坐在「輦」上，由幾名女子抬著走；有時候則是被馬拉著。

所謂象輦，就是將大的木轎子架在四隻大象的背上，上面插著旌旗和傘蓋，裏面鋪有金絲坐墊，每隻大象都有一個駕馭者。如果是在比較狹窄的山路上，皇帝則單獨乘坐在由一隻大象或者兩隻大象拉著的車裏。這種由大象牽引著移動的車，被稱爲「象轎」或者「象輿」。

每年皇帝巡幸兩都時，象輦都是專用的交通工具。據《經世大典》記載，每年夏曆二三月至八九月，元朝的各個皇帝來往於大都與上都之間，所乘坐的工具就是象輦。元代很多詩人都在詩作中描寫這樣的場面：在上都附近的鴛鴦坡，元帝乘坐象輦緩緩前行。

象輦需要由大象來背負，而元朝的兩都均在北方，北方並不產大象，那背負象輦的大象都是從哪兒來的呢？

象輦使用的大象最早來自雲南，後來東南亞國家，如緬國、占城、交趾、真臘以及金齒、大小徹里等也陸續向元朝進貢馴服的大象，同時還會附帶上馴養大象的蕃人以供驅使，有時還會進口優良品種來繁衍。

象輦高大寬敞，大象走路又十分穩當，因此乘坐起來非常舒適，是帝王們的摯愛。然而坐在象輦上並不比坐馬車安全。曾有大臣考慮到乘坐象輦的危險性，上書勸告皇上說，大象的力量太大，萬一不聽從指揮，一旦失控將會踩傷眾人，然而皇帝並沒有聽取他的意見，後來也確實發生過幾次大象受驚踩傷侍從的事情。

《元史》記載，一次忽必烈乘象輦圍獵，有人表演獅子舞迎駕，誰知大象沒有見過這種既排場又熱鬧的陣勢，突然受驚，司機控制不住大象們了，這時候幸虧漢人賀勝挺身向前攔住大象的去路，才避免了造成更大的災禍。因救駕有功，賀勝後來被忽必烈提拔爲上都留守。

龐大帝國的名字由來

雖然成吉思汗是公認的元朝開國皇帝，其實元朝是在忽必烈的經營下形成了這個前所未有的多民族王朝框架。然而凡事都是說起來容易做起來難，忽必烈並沒有真正做好民族團結工作，這個多民族國家並沒有達到事實上的統一。

忽必烈對歷史最大的貢獻之一就是他正式建立起「大元」這個威震四方的名稱，中國歷史悠久，朝代眾多，朝代的名字也精彩紛呈，但總體說來大都與開國皇帝有淵源，如周天子的「周」，劉邦的「漢」，好名字必有好兆頭，然而個性鮮明的忽必烈在定元朝的國號時，沒有拾人牙慧，而是不走尋常路，打起了原創的主意。

蒙古民族在成吉思汗及其幾世子孫的努力之下，等到了忽必烈繼承遺產時，疆域面積之大，國力之強盛世界無人能及，忽必烈本人也在經過一系列的內爭外鬥之後，終於在一二六〇年坐上了蒙古大汗的寶座，一二六七年，出於種種考慮，忽必烈遷都大都，又過了四年，他將他的國家改名爲「大元」。

據《元史·世祖本紀》記載，忽必烈是個忠實的漢學崇拜者，就在他還在漠北做藩王的時候，忽必烈的「大有爲於天下」的抱負已經顯現，爲將來的大業，他開始注意搜羅一些有學問的人才，他對漢文化極偏愛，所以特地高薪聘請了許多聞名知識界的漢人到王府來做幕僚，向他們學習漢人的文化和制度。

在忽必烈搜羅到的這些漢族幕僚中，有一個和自己年齡相仿的和尚引起了忽必烈的興趣，這個和尚法名爲「子聰」，比忽必烈小一歲，雖然是出家之人，但是氣質異於常人，相貌不凡，談吐文雅，經常是語不驚人死不休，非常符合忽必烈心目中的漢學大儒形象，此人就是劉秉忠。

按照成分劃分，劉秉忠家是徹徹底底的地主階級和官僚階級，劉秉忠的老爸和爺爺，都是金朝的官吏，他十七歲的時候就當了邢台節度使府令史。可惜他生不逢時，年輕時就經歷了中國的大亂時期，他這個從事文案的小官員常常感歎報國無門。

劉秉忠八歲開始上學，由於家中經濟條件不錯，沒有中途輟學的履歷，從小飽讀詩書，史書記載經常是「日誦數百頁」，並屢屢顯現遠大的志向，後來他實在不甘心做一名下級文吏，辭職到武安山出家爲僧，取法名「子聰」，走起了終南捷徑的路子，結果成就非凡，就是他協助忽必烈確定下大元的國號。

在做和尚期間，劉秉忠利用自己的特殊身分，多次到各地遊歷，並注重結交英雄豪傑做朋友，他明白在家靠父母，出外靠朋友的道理，一二四七年，三十多歲的和尚子聰遊歷雲中，居住在雲中南堂寺。當時忽必烈未當皇帝，但經常和出家人談經論道附庸風雅，有一次他召見海雲禪師，就是在海雲禪師的推薦下，忽必烈和劉秉忠成爲黃金搭檔。

在當時的出家人心目中，海雲禪師就是他們的偶像，他不但是佛教臨濟宗的領袖，而且佛法精深聲望頗高。海雲禪師在去和忽必烈會面的過程中聽說有一個叫子聰的和尚博學多才，就邀請他一同前去見忽必烈。結果一聊才發現子聰和尚天文、地理、律曆、遁甲等無不精通，讓忽必烈吃驚萬分。

劉秉忠雖然身體出家，遁入空門，但心中無時不懷著入仕報國的理想，因此他在雲遊四方過程中，依舊留心世事，這次得到忽必烈的召見後，他盡自己知識之所能，和忽必烈交談起世事則分析精準，見解獨特，立意深遠，結果推薦他的海雲禪師很快回家，而子聰還俗稱劉秉忠留在了忽必烈身邊。

忽必烈是個有野心的藩王，從他廣招有識之士爲其所用就可看出端倪，當劉秉忠到他那兒以後，忽必烈對他非常器重，經常向劉秉忠討論國內國際發生的一些重大問題，由於知識水準的限制，在忽必烈之前，蒙古的君主們都沒有用年號，爲了報答忽必烈的知遇之恩，劉秉忠決心爲國家起一個立意深遠的好名字。

忽必烈繼承汗位之後，劉秉忠就上書進言忽必烈說新君即位，應該頒佈曆法，再取一個吉利的國名，至元八年十一月，劉秉忠再次牽頭，聯合幾位大臣給忽必烈上書，確定新君繼位大典的程序，包括「元正、朝會、聖節、詔赦及百官宣敕，具公服迎拜行禮等」。得到忽必烈的認可和好評。

在忽必烈繼位七年之後，劉秉忠結合忽必烈愛好漢學文化，尤其喜歡漢學經典書籍《易經》的特點，運用易經中的理論，從易經一句「大哉乾元」中提煉出大元二字，呈報忽必烈並當場免費給忽必烈上了一堂生動的易經課程，忽必烈聽得五體投地，當即決定正式建國號爲「大元」。

從忽必烈認可「大元」這個國號，我們可以看得出他的志向不是一般的高遠。八年之後，元軍在崖山徹底打垮流亡南方的南宋政權，讓忽必烈垂涎三尺的南宋數千里的錦繡江山終於投入了元朝的懷抱，元帝國一躍成爲當時世界上最龐大、文化底蘊最爲豐厚的國家，劉秉忠的名字也伴隨忽必烈的文治武功流傳下來。

Q 恐嚇型國書

在忽必烈統治時期，正式建立起以「大元」爲統稱，橫跨歐亞兩大洲，包括朝鮮在內的的大元帝國，周邊國家攝於元朝威武紛紛朝拜，然而在周邊國家中，仍有隔海相望的日本不聽招呼，一直也沒有向忽必烈朝拜，這對於忽必烈來說內心非常不爽，於是他決定派兵攻打日本，收拾收拾這個不識時務的小日本。

忽必烈在征討日本之前，也做到了先禮後兵，西元一二六六年，他遣兵部侍郎郎赫德、禮部侍郎殷弘出使日本，明確表明要日本向高麗等國學習，並明確告訴日本速來大元朝拜進貢，否則將出兵攻打，看來國力強盛才能挺起腰杆做皇帝是古今中外的通用法則，忽必烈赤裸裸的恐嚇國書幾經周折送到了日本國王手中。

按照忽必烈的想像，彈丸之國日本只要收到大元帝國的國書，肯定會誠惶誠恐地到元朝進貢求封，然而令他沒想到的是，由於消息的閉塞，大元的輝煌在日本國內竟很少有人知道，對這份恐嚇型國書他們根本沒當回事，直到好幾個月之後，日本人才正式回覆。

忽必烈自出世以來還沒有碰到過這麼不聽招呼的國家，於是用軍事力量敲開日本大門，向高麗王下達軍事動員令，並命高麗建造載重量需達到三四千石的戰船一千艘。西元一二六八年，忽必烈再次命郎赫德經高麗出使日本，結果遭到日本拒絕入境的羞辱。

二次出使日本的郎赫德雖然沒能進入日本國土，但卻俘虜了兩名日本人，忽必烈為了不戰而屈日本之兵，對兩位日本人好吃好喝招待，並讓他們參觀都城和軍事演習，想借他們之口向日本宣傳大元的強大，幾個月後安排兩位日本人回國遞交國書，這次的非正式的特殊國書給天皇政府提供了靈活回覆的條件。

忽必烈費盡心機想讓日本不戰而降，誰知在一系列運轉之後，卻收到了日本從來沒有聽說過世界上有蒙古國為藉口，拒絕通好的回復，而對於忽必烈的威嚇，日本人也以「非可以知競，非可以力爭」作出得體的回應，天皇政府的回信言辭不卑不亢，讓忽必烈哭笑不得，他決定派使者去日本。

Q 出使日本

西元一二七〇年十二月，忽必烈第三次派人出使日本，這次的大使是女真人趙良弼，這次忽必烈爲趙良弼準備了三千軍隊作爲武力後盾，但趙良弼認爲沒有必要，僅帶了二十四人赴日。

西元一二七一年，忽必烈正式改國號爲大元，爲了顯示自己的武力強盛，在舉國同慶的同時派忽麻林、王國昌、洪茶丘等率領一部分蒙古軍隊進駐高麗國，並在靠近日本海域的地方駐紮海軍，爲趙良弼在日本出使助威。

日本的大宰府通過情報系統得知大元帝國在高麗國境內駐紮軍隊及元信使趙良弼來日的消息後，立即上報幕府與天皇，這次日本人坐不住了，日本國內輿論一片譁然，各部軍隊也積極做好戰爭準備，西元一二七一年九月十九日，趙良弼一行抵達日本後，立刻遭到日本軍隊的非暴力包圍。

趙良弼出使日本後，遭到很不友好的待遇，在他的強烈要求之下，日本大宰府少貳藤原經資率軍會見了趙良弼。藤原經資的身分不過是一個守備區司令員之類的小角色，趙良弼感覺很沒面子，於是見面後他先是斥責了日本國的無禮，藤原經資自知資歷太淺，身分不夠，馬上向趙良弼請罪，然後向趙良弼索要國書以便轉交政府。趙良弼告訴他，國書只能交給天皇親看，如果天皇不方便，幕府大將軍親看也行。

在元朝時期，日本國內很少有外國使團進入，因此日本人根本不懂國際通用的外交禮儀，日本的守備司令和大元使者趙良弼會談時，竟要參觀呈交日本天皇的國書，結果遭到趙良弼的嚴詞拒絕，並威脅日本如不讓天皇出面，一切後果由日本單方面承擔，這才讓國書順利遞到日本統治者手中。

告日本天皇書

在忽必烈擬定的第三份「告日本天皇書」中，口氣較前兩次稍微委婉，並巧妙地將日本不友好的外交責任推給邊吏，給日本朝廷留下足夠的面子和迴旋餘地。遺憾的是，日本人非常善於聯想，考慮到國書中的戰爭恐嚇和在高麗境內駐紮的元朝大軍，堅決認爲大元是侵略者而非自述的攜帶橄欖枝的和平使者。

其實日本國內所說的不瞭解大元帝國都是藉口而已，自從唐朝以來，中日之間民間交往不斷，僧侶之間交往更是頻繁，很多南宋僧侶爲了逃避戰亂都偷渡到了日本，這些人通過自己的影響力，讓日本當時的統治階級對蒙古人抱有很深的成見，所以日本對元提出的通好根本沒有誠意。

趙良弼本身認爲有強大的祖國爲依靠，出使日本是個風光的差事，結果卻被日本人限期離境，回到高麗向皇帝寫信述職後，不甘心的忽必烈於西元一二七三年三月再次派他出使日本，結果這次根本沒有日本人搭理趙良弼，中日友好談判在日方的反覆阻撓下以失敗而告終。

日本的不友好舉動讓以世界霸主自居的忽必烈惱羞成怒，放眼世界，再強大的國家也都會給元朝三分面子，而日本一個彈丸小國竟如此無禮，況且日本由於種種原因，與南宋政權關係十分密切，民間交往頻繁不斷，這就是公開與大元挑戰，於是忽必烈想要給日本點顏色看看。

據史料記載，元朝進攻日本的原因除了日本無禮之外，還有很多深層次的原因，由於南宋滅亡後元朝接受了大量的降兵降將，處理不好會給元朝統治帶來道義上和經濟上雙重壓力，所以元朝想利用這些人攻打日本，讓戰爭消耗這些包袱，當然傳說中攻佔日本可以獲取無數珍寶也推動了對日戰爭。

東征日本

西元一二七三年四月，忽必烈借平叛高麗暴亂爲由，出兵高麗，並控制了日本與南宋間的海上交通要塞，爲攻取日本做好了戰前準備，在得到高麗的戰船已經全部建造成功的消息後，忽必烈感到戰爭的時機已經成熟，於是命令由蒙、漢、高麗三族軍隊組成多民族聯軍，正式東征日本，完成自己的夙願。

據現代軍事專家評估，經過成吉思汗的嚴格訓練，當時的蒙古軍隊組織極爲嚴密，戰鬥力強盛，而且元朝還擁有領先世界水準的秘密武器——火器，絕對是世界頭號軍事強國，反觀日本，他們的軍隊以武士爲中堅，組織鬆散，士兵多爲兼職，不易於指揮，戰略技術根本沒有，因此這是一場實力懸殊的戰爭。

日本的肥前地區由於地理位置優越，是日本對外交流的重要視窗，作爲日本改革開放的前沿，此地歷史上多次受到軍事打擊，忽必烈的大元軍隊也把進攻日本的目光放在肥前地區的馬島上。

從當時日本的戰爭預警機制可以看出日本當時的軍事素質還不是一般的差，等元

軍進攻馬島的消息傳到京都，已經是半個月以後的事了，馬島已經被元軍佔領，元日第一次戰鬥已經結束了。不過出於種種考慮，元軍並沒有在肥前登陸向縱深發展，而是把戰略方向轉移到博多灣，準備進攻大宰府。

元軍按照戰前規劃在博多灣西部百道源濱海頓陸，面對所向披靡的元軍，令人啼笑皆非的是，日軍只派遣將領藤原景資率領的五百騎兵迎戰，而且戰術應用也採用呆板步驟，不但沒有趁元軍登陸過程中截擊，而是等元軍登陸之後整頓好隊形才開始投入戰鬥，元軍很快打敗日軍，推進至鹿原。

另一部阻擊元軍的日軍更是可笑，得知一部分元軍攻入百道源西部的赤阪，肥後武士菊池二郎率自己的全部兵力二百三十名騎兵與元軍展開戰鬥，而且還按照慣例把二百三十人分組輪番和元軍作戰，結果遭到元軍火器的攻擊，日本軍大敗，肥後武士竹崎季長負傷落馬雖僥倖未死，但也是魂飛魄散。

在元軍進攻日本的戰場上，經過一天的戰鬥，元軍已經徹底掌握了戰爭的主動權，日軍被迫全軍撤退，然而元軍卻緊緊咬住不放，節節進逼撤退的日軍，結果出現意外情況，元軍左副帥、作戰指揮劉復亨被日軍前線指揮射中受傷，進攻的勢頭才略微減弱，再加上天色昏暗地形不熟，於是元軍停止進攻。

雖然第一次征討日本取得勝利，但由於元軍內部對戰爭的看法產生分歧，於是元軍乘勝班師。不過遠在祖國的忽必烈仍然意志堅定征討日本，他以范文虎統帥組織起了規模龐大、後勤充足的攻日專用海軍，作了長期征戰的打算。在這支軍隊與上支東征軍會師之後，再次攻打日本。

颱風助陣

日軍在和元軍交手之後才知道元軍的強大，有了慘痛的經驗，在遭遇以范文虎爲帥的第二次進攻時改變了戰術，取得了一些小小的勝利，但元軍仍然控制著戰場的主動權，遺憾的是由於元軍主將范文虎本身就是個庸才，缺乏領導藝術，導致元軍內部矛盾重重，結果貽誤了徹底打敗日軍的戰機。

在兩軍會師之後，一開始元軍士兵士氣很是高漲，和日軍在海上激戰一夜，打敗日本海軍，但戰鬥結束後元軍內部出現了重重矛盾，況且元軍大都是陸軍出身，缺乏海上戰爭經驗和海上天氣常識，於是元軍在海上毫無目的地遲疑了一天，結果第二天海上刮起了超級颱風，元軍無處躲避，幾乎全軍覆沒。

第一次征討日本的戰爭在颱風的助紂爲虐之下，元軍慘敗，不過忽必烈認爲這是偶然因素，繼續堅持再次征討日本，誰知第二次東征日本也同樣遭遇颱風，元軍十萬將士死亡接近百分之八十，其餘的大部分被日軍俘虜，元世祖忽必烈準備數年的侵日戰爭，竟兩次遭到颱風的挫敗，這不能不說是一種遺憾。

忽必烈曾經在戰場上縱橫幾十年，很少遇到敗仗，卻在征討彈丸之地日本時兩次遭到慘敗，這更加激起了他的戰爭欲望，於是在第二次東征失敗後，他立即開始組織建造大船、訓練海軍和培訓水手。可當他認爲時機成熟再次東征日本時，卻遭到大臣們的一致反對，結果都沒能成行。

自忽必烈以後從成宗到順帝這幾十年時間裏，元朝統治者充分發揮了權術陰謀，充分實施政治手腕，每次的政權交接都伴隨著動盪甚至大規模內戰，幾十年間竟更換了九位帝王，政局的頻繁動盪導致了國家根本的損傷，更使得元朝中後期，缺乏一位真正以事業爲重的皇帝，充分解決社會矛盾，帶領元朝走向繁榮富強。

雖然元朝統治者都視漢人爲洪水猛獸，但他們卻把封建君主家天下的文化思想發揮得淋漓盡致，忽必烈死後，他的繼承人都把天下視爲成吉思汗子孫的私有財產，他們爲了維持自己的統治，花費鉅資去賞賜自己的手下，爲了能從老百姓身上搜刮到更多財富，他們違反經濟規律濫發紙幣，導致了元朝經濟的崩潰。

人總是有缺點的，忽必烈對內實行蒙古人高於其他族人的民族歧視政策，特別是對漢族的橫徵暴斂，殘酷壓迫，激起中原人民的不斷反抗。他身後的幾個皇帝則荒淫腐敗，終於導致農民起義不斷，直至被推翻。一二九四年二月，忽必烈病逝於大都，享年八十歲，葬於漠北起輦谷。

微歷史大事記

西元一二六〇年，忽必烈繼位為蒙古大汗。

西元一二六三年，忽必烈沿宋金舊制，設樞密院，負責全國軍務。

西元一二七〇年，至元七年，忽必烈在中央正式成立司農司，專掌農桑水利。

西元一二七一年，建立元朝。

西元一二七九年，忽必烈統一中國。

西元一二九四年，忽必烈去世。

第五章

混亂交接

都是暴力惹的禍

蒙古國時期，原先沒有明確的立新皇帝的憲法。往往在大汗快死了，才有遺囑，來確定新的汗位繼承人。但是，遺囑口說無憑，仍要經過貴族大會「庫里台」選舉，即位者才能成爲合法的大汗。這種立皇儲的舊制，多次引起蒙古貴族內部的鬥爭。

爲避免因爲立皇儲引起鬥爭，忽必烈在即位後不久，就明確了設立皇儲的意向，於中統三年，封皇子真金爲燕王，並讓他管轄中書省、樞密院之要職。到至元十年，遂正式冊封真金爲皇太子，作爲皇位的唯一合法繼承人。這下不亂了。

忽必烈明確立儲的方法，雖違背了「庫里台」大會的選舉程序，卻有效地減少了當權貴族之間的相互殘殺。只可惜皇太子真金早逝，這一先進選舉制度又由於種種原因而未能延續下來，乃導致元代中期蒙古皇族各支系間的火併連年不斷，中央政局長期動盪不安。

元朝皇位候選人的範圍只限於忽必烈的後人，幾乎清一色的真金後人。因爲元朝是忽必烈創建的，其他皇族成員只能在帝位之爭中作爲支持者參加新皇帝的選舉，也就是只能當選民，做不了帝位的候選人。後來的歷史證明，這一未完成的改革引發元朝數不清的宮廷政變。

宮廷中有權勢的大臣財大氣粗，官員不允許獨立發表意見。大臣在新汗即位問題

上越來越起著重要的作用，顯然是忽必烈加強中央集權和政府官僚化的結果。

帝位繼承存在兩種候選人交替登基，一種立足於中原，他們得到首都的大臣們的支持；另一種立足於草原，統率著強大的駐邊軍隊。這兩種利益關係和背景不同的候選人交替登基，導致了政府的一般政策大幅度搖擺，政治變化無常。

深受漢族文化影響的忽必烈在培養子孫後代時，十分重視儒學的影響。所以讓真金等人，從小就拜姚樞、竇默等儒學大師爲師，以學習治國安民的道理。及忽必烈即位後，特命嫡長子真金出任中書令之要職，兼判樞密院之軍務。

至元十年，忽必烈正式將真金立爲皇太子。他在任免詔書中指出：自窩闊台汗之後，屢屢發生蒙古帝位的爭奪，爲了避免此類惡性事件的發生，設置宮師府，選派那些行爲端正的官僚，以輔佐皇太子。又選拔侍衛親軍萬人，作爲護衛，給東宮做保鏢用。

在皇太子真金的東宮官屬中，除了一直輔導他的太子贊善王恂等人之外，還有一些儒學大師給皇太子講述《資治通鑒》、《貞觀政要》等書，以及評論遼、金以來之帝王行事得失。

真金學得很認真，很快就可以用「仁政」之說來治理政務，因此當時的老百姓很稱讚他，以「明於聽斷」著稱。至元二十二年竟有人提出，要年事已高的忽必烈禪位於真金。然而，真金的「仁政」也遭到阻礙。

仇視「漢法」、堅持蒙古舊俗和西域之法的「小人」嫉恨「仁政」。他們借此機會激怒忽必烈，離間父子之情。忽必烈就追查此事。真金自幼體弱多病，經此一場風波，年底就病倒了。真金的死使元朝喪失了進一步漢化的機會，元朝的皇位繼承也依舊不得平靜。

皇太子真金死後，忽必烈也十分悔恨，沒有再明確提出設立「皇儲」之事。一方面，在他的嫡子中，留有北安王那木罕，雖係幼子，仍有繼承皇位的權力；另一方面，真金死後，又留有三子甘麻剌、答剌麻八剌及鐵穆耳。此三人都是皇孫身分，都有競爭皇位的權力。

皇子那木罕，早在真金未被立爲皇太子時，就有當國家一把手的野心。真金得到儲位，他又被西北宗王的叛亂者所俘獲，被拘留十年，自然沒機會爭帝位。等重新歸朝，而真金因「禪讓」風波驚懼而死，他再次出來爭「儲位」。卻因做得太過分，最終成爲競爭中的失敗者。

一二九三年，忽必烈才將皇位傳給最小的兒子鐵穆耳。但這種舉動並不是一個合乎世襲繼承法的儀式。

忽必烈的冊立方法，無論是在蒙古人或是漢人的眼裏都是無效的。按照蒙古人的舊俗，大汗去世後，將由皇后先管著，再擇期選舉產生繼承人，由宗室勳舊「協謀推戴」新汗登位。在這樣的過程中，皇后本人的意志就變得十分重要，甚至可以影響到新君的人選。當年貴由的登基就得到了其母乃馬真氏的全力支持。

察必皇后去世後，南必被立爲皇后。忽必烈晚年，由於身體的衰老，她在朝中的權勢日益增大，大臣們經常看不見大汗，到處都是南必皇后的背影，各種事情多由南必皇后轉奏。而南必有自己的兒子，名叫鐵蔑赤。母憑子貴，因此，她打死都不會輕易同意鐵穆耳繼承汗位的。

忽必烈非常清楚，必須要有一名強有力的大臣支持才行。一二九三年十二月，他將駐守大同的大將伯顏召回，決心採用中原王朝以顧命大臣宣佈遺詔的方法，來實現自己的意志。伯顏是平宋戰爭的主帥，這時又以知樞密院事掌天下兵權，所以他是在這關鍵時刻擎起帝國大旗的最佳人選。

伯顏抵達大都後，一直伴隨忽必烈去世，他與中書平章政事不忽木便始終不離忽必烈左右。伯顏回京十天後，忽必烈仙去。伯顏與不忽木便以顧命大臣的身分控制住了朝廷局勢。不忽木主持引柩北葬等治喪事宜。後來，經過伯顏的一番努力後，最終將鐵穆耳擁登汗位，完成了忽必烈的遺命。在中國的史書中稱鐵穆耳爲成宗。

守成政策

成宗的守成政策使元朝擺脫了忽必烈統治後期長期陷於泥沼戰的局面，但這並不是說成宗是一個毫無武功建樹的帝王。雖然沒有得，但是也沒有失去什麼。成宗用兵的宗旨可以概括爲「既不開疆，也無喪土」，安定國內政治局勢，恢復經濟生產，維護忽必烈統治時期的疆域，成爲他的統治宗旨。

緬國內亂

一二九八年，緬國發生內亂，阿散哥也兄弟勢力增大，攻入緬都蒲甘，殺死緬王及世子宗室等百餘人。緬王是經元政府冊立的，被擅自廢立殺戮的舉動引起了成宗的警覺。忠於緬王的地方官員和出逃的緬王王子，也都向成宗告發阿散哥也兄弟藐視元朝對緬的宗主權力。請求元朝去揍阿散哥也兄弟。

元軍圍城長達兩個月之久，一三〇一年二月末，木連城中薪食俱盡。阿散哥也用重金賄賂元軍將領高阿康、察罕不花等人，使元軍以「天熱瘴發」爲由，擅自引兵撤圍。同時阿散哥也派人入朝請罪，承認元的宗主權。這一年秋天，成宗以收受賄賂罪處死了高阿康、察罕不花，但也認可了阿散哥也統治緬國的事實。

終結蒙古內部紛爭

成宗即位後，並沒有放棄對蒙古草原的控制。他從北邊回朝繼位後，任命叔父寧遠王闊闊出鎮守北方。一二九八年冬，闊闊出遭都哇偷襲兵敗。第二年，成宗令皇侄海山出鎮北邊。一三〇一年秋，元軍與海都、都哇於金山附近的鐵堅古山會戰，元軍先勝海都。後與海都、都哇聯軍再戰，互有勝負，但都受到了重創。

海都死後，一三〇三年，都哇「先眾請和」。接著，他以元廷支持爲後盾，向察八兒要求歸還海都從察合台汗國奪去的草地，並脅迫他與元廷約和。同年秋，都哇、察八兒約和使臣到達元廷。又過了一年，都哇、察八兒又聯合伊利汗、欽察汗王廷與元朝約和。自此，從忽必烈與阿里不哥爭位以來的蒙古內部紛爭告一段落。

患了貪吃症的皇帝

別看元成宗做皇帝時威風八面，年幼時的鐵穆耳是個貪吃狂。忽必烈深知暴飲暴食的危害，爲了督促他節制飲食，曾三次用杖責打小鐵穆耳，同時還派數名御醫專職監視他，只要覺得他吃夠了，立刻以擊杖兩聲爲信號提醒，鐵穆耳就不能再狂吃，每次都讓小鐵穆耳感覺非常不爽。

小鐵穆耳患上了貪吃症，家人強制他節食，可他老是覺得不舒服，正在這時，皇宮來了一位回回人，他自稱有秘方能治好鐵穆耳的貪吃症，這人在皇帝的默許下，領著他去喝了一頓美酒，鐵穆耳感覺渾身舒暢，從此鐵穆耳的貪吃症真的治好了，不過卻患上了酒精依賴症。

在江湖騙子的秘方下，鐵穆耳雖然成功減肥，卻成了一個徹頭徹尾的酒鬼，身體也逐漸虛弱起來，幾年以後，忽必烈見這個皇孫日漸消瘦，起了疑心，於是才知道回

回人讓他用酒減肥的秘密，他暗中派人把此人殺掉。但是，青年鐵穆耳的酒癮卻越來越大，直到鐵穆耳繼位後，自律戒酒，才完全改掉這個壞毛病。

Q 超標準的賞賜

根據蒙古族「幼子守灶」的傳統，那木罕作爲元世祖的幼子，有資格繼承皇位，但他因曾受到忽必烈的尖銳批評，被忽必烈疏遠了。而根據漢族的皇太子繼承制，「有子立子」，無子方能立弟。太子去世後，只要太子有子就應該被立爲皇太孫，而不能再在太子的兄弟中選擇繼承人。

此次鐵穆耳繼位也不是一帆風順，通過賞賜酬報功臣和支持者，安撫反對派自然也是緩和內部矛盾、爭取天下安定的一項重要措施。爲此，元成宗君臣把國庫裏的錢幣用笤帚掃了三遍，進行了一次超標準的賞賜。

新大汗繼位之後，對諸王貴族進行大規模賞賜，這是蒙古汗國的一個傳統。成吉思汗時就有統一分配戰利品的規定，窩闊台分封諸王貴族時採納了耶律楚材的建議，規定諸王貴族的份地要由朝廷派遣達魯花赤進行管理，不允許他們直接徵收賦稅，要由朝廷官吏統一徵收，年底當做年終獎金發放。

除發年終獎金之外，新的大汗繼位、諸王朝見照例都有賞賜，窩闊台、貴由、蒙哥繼位時的賞賜都很豐厚，賞賜的儀式也很隆重；忽必烈繼位時開始無物可賞，後來還專門責令王文統、阿合馬籌集錢物，在與阿里不哥對峙的情況下進行了一次大規模的賞賜，包括海都和察合台汗國的叛王們也在受賞之列。

泡沫經濟

一二九四年八月，因國庫空虛，元成宗下令動用鈔本，後來從阿合馬起開始多造紙幣，即發行無本之鈔，紙鈔供大於求，引起了貨幣貶值。元成宗因濫賞導致國庫空虛，為彌補國庫空虛而大規模動用鈔本，據說買一斤鹽需要用半斤紙幣，這無異於飲鴆止渴，結果貨幣一再貶值，最後泡沫破滅導致經濟崩潰。

元成宗揮金如土式的賞賜，刺激了諸王貴族貪得無厭的本性，也導致了國家「向之所儲，散之殆盡」的局面，對於賞賜問題，原本是統治者提高大家的工作積極性的，但是太頻繁了，諸王貴族已經看做是皇帝應該的了，凡是不給賞賜的活就不幹，實際上已經出現了「理財失宜，鈔法亦壞」的現象。

Q 後院起火的威脅

就在鐵穆耳繼位之時，元朝西北地方已經陷入混亂的局面，這些都是忽必烈留下的後遺症。早年忽必烈與弟弟阿里不哥爭奪皇位，忽必烈爲商討如何處置阿里不哥，曾向欽察汗別兒哥、察合台汗阿魯忽、伊兒汗旭烈兀和窩闊台後王海都發出邀請，前三汗雖表示將在至元四年前來，但不久卻相繼去世，海都則以「牧馬尙瘦」，藉故拖延。這時，忙哥帖木兒、木八剌沙和阿八哈分別繼承了欽察、察合台和伊兒汗國的統治權。

海都曾在蒙哥身邊效力，是一個聰明、能幹而又狡猾的人。一二六六年，皇位之爭塵埃落定，阿里不哥戰敗後被忽必烈毒死。身爲阿里不哥死忠支持者的海都對忽必烈心存不滿和疑懼，他領兵回到其位於葉密立河流域的封地，做起了土皇帝，一方面抓緊擴充自己的實力，把自己重新武裝起來，另一方面與術赤後王改善關係，並乘機佔有了窩闊台原來的封地。

由於海都不甘心政治鬥爭的失敗，在回到自己封地後廣結大小軍閥，多次騷擾忽必烈的地盤，讓忽必烈在征討南宋的過程中一直飽受後院起火的威脅，所以，忽必烈在滅南宋過程中，數次以天熱爲名要伯顏等人駐兵，實際上他的真實目的就是爲了阻止海都等人大舉入侵。

海都在背後虎視眈眈，讓忽必烈感到危險，甚至征討日本的失敗就是這個原因所致，爲了分化海都等西北諸王，忽必烈曾利用以夷制夷的辦法，冊封八剌爲察合台汗國大汗，讓他們內訌火併，剛開始海都確實吃了不少苦頭，不久海都識破了忽必烈的計策，於是他通過搞統一戰線擊敗八剌，很快控制了察合台汗國。

海都挾察合台汗國大汗號令西北各部，威風八面，連忽必烈都毫無辦法，察合台汗國大汗八剌死後，海都擁立捏古伯爲汗，但捏古伯對做海都的傀儡感覺不爽，他暗地整合力量與海都開戰，結果戰敗被海都殺掉，海都再次擁立八剌之子都哇爲察合台汗國的大汗，聯合術赤諸後王，極盡騷擾元朝之能事。

海都之亂

西元一二九七年，欽察部首領土土哈病逝，他的兒子床兀兒繼位，這位王二代是個徹頭徹尾的好戰分子，爲了向忽必烈顯示自己的能力，他剛繼位就率軍主動進攻海都和都哇等人，但最終都被海都等人擊敗。戰勝床兀兒後，都哇等人又乘勝追擊，集結軍隊大肆入侵元境，俘虜並殺掉了忽必烈的女婿闊里古思。

剛剛繼位的元成宗就遇到自己親姑父被敵軍殺害的窩囊事，他非常氣憤，決定御駕親征，爲老姑父報仇。然而他老媽闊闊真勸阻了他的頭腦發熱之舉，老太太認爲海都等人遠離京都，如果元成宗親征就需要一個相當長的過程才能解決他們，而如果在此期間內地發生動亂，後果不堪設想，就這樣，元成宗才打消親征的念頭。

元成宗欲親征消除西北動亂，卻因種種原因無法成行，就在他非常鬱悶之際，聽到了昔日與都哇等人的同盟、忽必烈的老牌對手藥不忽兒等三個王爺，率萬餘人主動歸降大元朝，並自告奮勇要求帶兵去打都哇和海都的好消息。元成宗立馬派人送去軍需物資，這三人很快把都哇打得滿地找牙，並生擒了他的妹夫。

向來沒有吃虧習慣的海都在戰場上吃了大虧，他立即召集包括察合台大汗都哇在內共四十個蒙古王爺，糾集幾十萬大軍奔赴大元邊境，誰料想報仇心切的海都在戰場上遭遇了超級猛人、元成宗的侄子海山的迎頭痛擊，後者在哈拉和林與泰咪爾等地徹底擊潰海都聯軍，海都本人也因傷勢過重而死。

超級帝國成形

打敗海都的英雄海山就是後來的元武宗皇帝，值得一提的是，關於和海都的這次戰鬥，《元史》雖然大肆宣揚了海山的英明神武，但據西亞等地史書記載，交戰雙方實際上不分勝負，而停戰也是靠談判妥協換取的，甚至海都還小賺了一筆，至於海都死亡則是因爲患上傳染病的原因，不過真相現在已經無從考究了。

在忽必烈看來，海都的一生都致力於國家的分裂，是無恥的一生，他和忽必烈之間有過四十一場大戰，都是敗少勝多，因此西北動亂一直難以平息，現在海都人死，西北諸王失去了主心骨，雖然在後海都時代他們也繼續維持窩闊台汗國的統治，然而卻自知實力不足，很快和元議和，承認鐵穆耳的蒙古宗主地位。

由此，在忽必烈和元成宗鐵穆耳爺孫倆的努力下，元朝正式組建了以中原地區爲核心，包括窩闊台汗國、察合台汗國以及統治波斯廣大地區的伊兒汗國和統治今天俄羅斯地區的金帳汗國在內的超級帝國，這些國家在元朝的軍事威脅下承認元朝宗主國地位，表示完全擁戴元成宗，形勢上一統的大元帝國正式形成。

都哇與海都的兒子察八兒在歸附元朝之後，因利益分配不均，最後產生了內訌，導致兵刃相見，最後不得不請領導元成宗處理，出於對海都的厭惡，元成宗不由自主地偏向都哇，於是成宗和都哇雙方合兵，把察八兒打得滿地找牙，察八兒戰敗後雖僥倖活命，但察合台汗國卻借機完全吞併了窩闊台汗國。

在察八兒看來，只要能活命，肯定能等到報仇雪恨的那一天，事情的發展也正如他所料，一三〇六年都哇病死之後，察合台汗國汗位經歷無數血雨腥風，最後落到都哇幼子怯伯身上，察八兒看到察合台汗國內亂不斷，他抓住機會深化改革，聯合海都系舊部開始反攻倒算，然而遺憾的是最終還是被察合台系打敗。

窩闊台、察合台等勢力的產生都是成吉思汗時代的產物，當時分封諸王的目的其實是爲了國家的穩定和長治久安著想，然而成吉思汗沒有想到他創建的這一格局卻帶來了無休無止的血戰和廝殺，反而影響了國家的團結穩定，這一爭奪直到成宗當政才得到基本控制。

元成宗拉攏諸王貴族的另一種方式是讓他們做黨政軍一把手，盡可能多地分地與軍隊，利用諸王出鎮的辦法，使他們享受「上馬管軍，下馬管民」的獨立王國的待遇。比如對他的競爭對手晉土甘麻剌，元成宗不是打擊陷害，也不是監督限制，而是給他很大的權力。

漢法派重臣的支持

鐵穆耳順利繼位，主要靠的是朝中漢法派蒙古重臣的支持，在他繼位的第二個月，拜玉昔帖木兒爲太師，仍兼御史大夫，知樞密院事；拜伯顏爲太傅，仍兼樞密院事，加銜開府儀同三司，錄軍國重事；拜宣徽使兼樞密院事月赤察兒爲太保，錄軍國重事。月赤察兒是成吉思汗義弟四傑之一的博爾忽之孫。

博爾忽在北征林中百姓時陣亡，月赤察兒之父失里門則死於南征大理的戰場。月赤察兒作爲功臣之後，從十六歲時起就在忽必烈身邊當秘書，後來出任宣徽使兼領尚膳院、光祿寺，因告發桑哥及協助郭守敬修惠通河立有大功，據說也曾以近侍之臣成

爲忽必烈的托孤大臣之一。

完澤也是蒙古功臣之後，其祖父在窩闊台時擔任都元帥，其父線真在忽必烈時曾擔任中書省丞相。他本人先是擔任真金太子府的右詹事，忽必烈末年曾任尚書省右丞相、中書省右丞相。他十分尊重漢法派諸臣。成宗繼位後，主張罷征南之師，堅持「格守成憲」，成爲元成宗時期主要的守成派大臣。

哈剌哈孫是成吉思汗功臣乞失里黑的曾孫，父親在蒙哥對宋作戰時陣亡，其後來成爲元成宗時期的重臣。他堅持用儒家思想作爲行政執法的指導方針。

從元成宗時中央領導人的任免情況看，似乎可以得出如下幾個看法：第一，當時朝廷有實權的爲蒙古族漢法派重臣，體現了「其長則蒙古人爲之」的原則；第二，其中三分之一以上爲前朝老臣，體現了「三年無改父之道」的守成原則；第三，色目官員位居第二，多爲理財方面的官員。

從總體看，成宗時的中樞機構是忽必烈晚年高層班子的延續，它體現了蒙古族、色目人、漢族統治階級之間關係的協調，體現了漢法派、色目法派與蒙古「國法派」的協調，蒙古族漢法派重臣決策，色目人官員理財，漢族官員擔任具體的行政職務或參知政事，從而形成了三族官員的聯合專政。

「尊孔崇儒，宣導德治」是元成宗君臣實行守成政治的基本指導思想。各級教育部門，包括公辦、私立、民辦公助各級各類學校都要樹立孔子雕像，教材中要體現儒家教育思想。凡是不按要求執行的，官員和一般官吏都一律開除公職。

一生守成的皇帝

大德十一年正月，鐵穆耳崩於玉德殿，在位十三年，享年四十二歲。「靈駕發引；葬起輦谷，從諸帝陵」。謚號爲欽明廣孝皇帝，廟號成宗。《元史》本紀評價說：「成宗承天下混一之後，垂拱而治，可謂善於守成者矣。惟其末年，連歲寢疾，凡國家政事，內則決於宮壼，外則委於宰臣；然其不致於廢墜者，則以去世祖爲未遠，成憲具在故也。」元成宗並非歷史上的明君，但其守成政治的成功經驗卻也是值得進一步研究的。

微歷史大事記

西元一二八五年，真金太子英年早逝。

西元一二八五年，哈剌哈孫擔任大宗正，成為元成宗時期的重臣。

西元一二九四年五月，至元三十一年，鐵穆耳拜玉昔帖木兒為太師。

西元一二九四年八月，因國庫空虛，元成宗下令造紙幣，引起了貨幣貶值。

西元一二九六年，即元貞二年，海都、都哇內部分裂。

西元一三〇一年，即大德五年，海都率窩闊台、察合台系後王四十餘人大舉東犯。

西元一三〇四年，海山被封為懷寧王。

西元一三〇五年六月，成宗仿漢制，立德壽為皇太子。

西元一三〇五年十月，成宗病重，因皇后弘吉剌氏已經去世，新立皇后伯牙吾氏卜魯罕秉政。

西元一三〇五年十二月，皇太子德壽薨。
西元一三〇六年，即大德十年，都哇與察八兒發生內訌。
西元一三〇七年，大德十一年正月，鐵穆耳崩於玉德殿。

第六章

短命皇帝

朝代更替莫怪我

皇后內心的算盤

元成宗登上皇帝崗位後，由於體質較差，經常小病不斷，一三〇五年，成宗因病再次休養，出於國家大局的考慮，就讓卜魯罕皇后暫時主持朝廷工作。在大德九年六月，卜魯罕皇后把自己的兒子德壽立爲皇太子。並爲了確保德壽能夠平穩地繼承帝位，宮廷中所有潛在的對手都被剔除。

然而，人算不如天算，皇太子德壽還比元成宗早逝。考慮到國家的長治久安，成宗決定立二哥答剌麻八剌的長子海山爲太子。然而權利欲望很強的卜魯罕皇后爲了保有自己的大權，把海山的母親及弟弟從大都遷到了懷州居住。

大德十一年，成宗病故，然而卜魯罕皇后卻封鎖了這個消息，意圖阻止海山即位。沒料到大臣哈剌哈孫在暗中將成宗逝世的消息通知了海山的母親答己，答己連夜帶領次子愛育黎拔力八達回到大都。

大位應屬於誰？

成宗死後，哈刺哈孫立刻採取行動，一方面派出密使，向海山和愛育黎拔力八達發出訊息，邀其兄弟火速趕到大都來。另一方面，則在大都收繳百官印信，令其機構無法行使職權。自己又藉口有病，雖然卜魯罕皇后多次催促，皆不予理會，以此拖延時間，等候海山兄弟的到來。

當愛育黎拔力八達成功地清除了政敵，取得了對選舉大會的控制權之後，剩下來的便是召開傳統的庫里台大會，正式確定新的皇位繼承人。這時，海山兄弟二人心裏明白，不經庫里台大會公認，皇位是不能繼承的。是時，宗王闊闊出、牙忽都等人爲防止再發生意外，皆請愛育黎拔力八達早登皇基，「以正位爲宜」。

愛育黎拔力八達遣使再至漠北，請其兄海山南下，以即皇位。五月，左右部諸王都到了。海山隨即被擁戴爲新皇帝。

據史書記載，勝利的海山按照成吉思汗的口吻問：「大位應屬於誰？」眾人齊聲回答：「忽必烈既立其子真金爲皇儲，僅命阿難答父忙哥刺鎮守一方，則大位應歸海山。」

在功勞總結會上，因爲愛育黎拔力八達在大都的宮廷政變中充任了重要角色，立有大功，又得到太后答己的鍾愛，故而被立爲皇太子，作爲帝位的合法繼承人，並立下了文字契約，隨後又商量廢除成宗皇后卜魯罕，先讓她出居東安州，半路再下令賜死。真可謂成王敗寇。

陰陽家的預言

大德十一年六月二十一日，海山在上都的即位是以庫里台的方式舉行的。但是，繼承危機沒有就此解決，是在京城以哈剌哈孫爲首的官員支持及海山本人控制的強大軍隊使他奪取了帝位。庫里台不過是海山一派在以武力奪取帝位的事變後爲取得必要的合法權威舉行的一次儀式而已。

由於兒子海山很早就被立爲太子，在首都有著廣泛的群眾基礎，答己他們一回到都城就受到各方面的廣泛關注。在答己的斡旋下，大臣們一同迎接海山回京繼位，即元武宗。但其實，最初答己並不看好海山，她曾想擁立次子愛育黎拔力八達爲帝，爲

此她還特意從陰陽家那裏尋找理論根據。

所謂的陰陽家認爲，武宗海山是個短命鬼，坐不久江山，而皇位最終還應該落到他弟弟身上。這個滿嘴雌黃的江湖騙子真是唯恐天下不亂，太后答己聽完他的話後，馬上安排近臣去勸武宗讓位，武宗雖然非常氣憤，但是敢怒不敢言，只好委婉地告訴老媽，自己繼位合天理順民意，肯定能做一名好皇帝。

元武宗也真夠窩囊的，雖然當上了大元帝國皇帝，老媽卻以不能長壽，影響國家長期可持續發展爲藉口，勸他讓位於弟弟愛育黎拔力八達，讓他非常鬱悶，雖然最後他嚴詞拒絕了老媽，但天意不可違，武宗真的就只在位三年時間，在三十一歲就英年早逝。武宗死後，他的弟弟愛育黎拔力八達接班，即元仁宗。

Q 為什麼太后總是愛干政？

答己是個強悍的女人，她的大兒子、小兒子都做過皇帝，看來她足可以開一個皇帝培訓班了。此人雖是女流之輩，卻十分聰慧，管理內宮很有一套，可惜她的權力欲望很強，總想勾結大臣干預朝政，並利用自己的影響力干擾人事任命，她的胡作非爲最終讓元朝走上了不歸之路。

花錢如流水

武宗繼位後，中央部門用人，大多都在西北從征的蒙古、色目將領中挑選。哈剌哈孫也被調往和林任職，將乞台普濟升爲中書右丞相，被封爲「安吉王」。武宗感悟到，成宗後期以來，元代社會政治和經濟問題正逐步惡化，所以他開始調整成宗時期的國策。對於武宗的施政，可以用「惟和惟新」四字概括。

武宗執政的各項措施的出發點是好的，但他的才能似乎有些不足。他的「惟和惟新」的政策，其實是想用大量賞賜籠絡群臣，發行新鈔，實行重利經濟，高薪養廉，以滿足政治上的需要。這種政策一施行就出現了問題。武宗主政不久，就開始對諸王大加賞賜，結果賞賜的朝臣還不到一半，兩京府儲就已用光了。

Q 當官的比乞丐還多

武宗主政後，請賞者絡繹不絕，國庫空了，武宗只好用濫封爵位，濫發榮譽的辦法作爲補償。武宗時，晉封一字王位的人多達十五六人。這一時期，朝廷中官吏的數量增多，官職提高，朝綱混亂，名位不清。即便道士、僧人、唱戲的名角，只要武宗高興，都被授予左丞、平章、參政一類的官職。

武宗主政，濫封爵位，一時間國公、司徒、丞相滿朝都是。當時人評價說：「當官的比乞丐還多。」朝廷制詔變更無常，地方官吏往往在職不在崗，上班時間都去經營自己的買賣。朝中正在討論未決的事情，也經常洩漏到民間，甚至詔書的稿子還沒寫完，乞丐都知道內容了。

武宗通過各種途徑開闢財源，增加收入。這一點與傳統儒家中的注重節流的觀點正好相悖。儒臣們一直通過各種方式批評和阻撓武宗錯誤的理財措施，但都毫無效果。一三〇九年八月，武宗下詔立尚書省整頓財務，鑄尚書省印，進行財政改革。可由於尚書省亂髮「大面額銀鈔」，反而造成了更嚴重的通貨膨脹。

短命君王

一三一一年一月，武宗因沉溺酒色，在位還不到四年就死了，時年三十一歲。武宗的弟弟，愛育黎拔力八達以武宗冊立的儲君身分入朝主政，罷尚書省。武宗的「惟新」政治在推行不到一年半後及時地廢止了。但武宗所遺留下的諸多問題，卻給元朝日後的發展帶來了極爲不利的影響。

自周朝以來，嫡長子繼承製成爲漢族王朝皇位繼承的基本原則，只有在先帝生不出兒子的情況下，才可能出現傳位給兄弟或者侄子的情況。被確定爲皇位繼承人的子侄稱爲「皇太子」；如果確定兄終弟及，準備繼位的皇弟則稱爲皇太弟。

元武宗海山死了。三月，他的弟弟愛育黎拔力八達以皇太子身分在皇宮繼位，受諸王百官朝賀。這是元朝皇帝第一次以純漢制的形式登上皇帝的寶座，它表明蒙古貴族的漢化程度在一步步加深。

元朝的漢化

武宗死後，愛育黎拔力八達順理成章地以監國身分總攬朝政，等待即位登基。愛育黎拔力八達自幼深受中原文化的薰陶，藩府中，高薪聘請名儒爲老師。他早就對吏弊深惡痛絕，想廢除弊政，「主張以儒學治天下」，「振紀綱，重名器」的愛育黎拔力八達在即位之前，就開始了他的親政施政活動。

愛育黎拔力八達監國時就撤銷武宗所立之尚書省，將丞相脫虎脫、三寶奴、平章政事樂實、右丞保八、參知政事王羆等人按程序辭退，命中書省右丞相塔思不花等核查他們「以權謀私，貪汙受賄」的腐敗問題。

那些著名的儒臣，如程鵬飛、尙文、郝天挺、劉敏中、王思廉、程鉅夫等人，全部提拔，參與政務。特別是仁宗的老師李孟，被授以中書平章政事之要職。他重用儒士，不僅僅是爲了裝飾門面。在他們的導引和支持下，愛育黎拔力八達在位初年採取了一些重要的舉措，推動了元朝進一步漢化和儒化的改革。

愛育黎拔力八達以世祖時所定成法爲準，將武宗新增之不實用的單位廢除，工作人員全部清除。又將武宗時爲增加支出而濫發之銅錢、鈔幣，禁止使用，令民間百姓將其交到官府，換取原來的鈔幣。

元史上最幸運的皇帝

在完成一系列障礙打掃工作後，愛育黎拔力八達才正式即皇帝位，是爲仁宗。元仁宗是元朝歷史上最幸運的皇帝，在元朝歷史上，基本上每次皇位的更迭都會伴隨著無數的血雨腥風，而元仁宗繼位時卻出現無人競爭的局面，是他開創了元朝歷史上無人爭奪皇位便順利登基的先例。

元朝開國以後，官職可以繼承，所以當時官員來源比較充足，官員不如其他王朝那麼緊迫。雖有許多儒臣向忽必烈建言恢復科舉，但都被他加以拒絕。這是他個人的好惡，並且由吏入仕途徑的盛行和逐漸制度化，阻止了通過傳統的科舉選拔人才制度的推行。

元朝開國以後，百廢待舉，忽必烈正信用阿合馬、桑哥等人以「理財治國」，儒家學說自身的弱點以及儒臣對理財之臣的反對，也促成了他對儒臣和科舉制度的疏遠

及排斥。這些都構成了仁宗即位前半個多世紀未能實行科舉取士制的重要原因。

弊端就像懷孕，時間久了才能看出來

但是，到仁宗即位時，社會環境已經發生了很大的變化。事實上弊端就像懷孕，時間久了才能讓人看出來，由吏入仕制度就是這樣，弊端日益明顯地暴露出來。仁宗在出居懷州時就感受到了「官冗於上，吏肆於下」的危害。他在北返大都，行至邯鄲時就指出「胥吏科斂，重爲民困」，因此對吏弊深惡痛絕，決心將之剷除。

至元以來的儒臣日漸死去，朝廷中爲平衡政治局面所需的儒學人才出現斷層，顯得十分突出。所以，早在仁宗爲太子時，他就重視人才培養，請將成宗朝始建而未畢其功的國子監學建成，得到武宗的同意。即位後，他又命李孟領國子監學。

隨著時代的演進，久居內地的蒙古、色目貴族上層的漢文化素養有了提高，特別是產生了像仁宗這樣「通達儒術」的一把手，這不僅有助於克服來自統治集團中對實行科舉制的阻力，而且更因仁宗的崇尚儒術，便使得行科舉制有可能提上議事日程。正是在這種背景下，一步步地走上了推行科舉，以興治道的施政歷程。

剷除政變

剷除武宗舊臣的一場政變，其行動之迅速可謂迅雷不及掩耳，態度之堅決也可謂出於常人意料之外。當時愛育黎拔力八達曾經決定誰誤國就殺誰，後來由於有人建議：為了國家的事，犯點錯你就給咔嚓了，這影響王者的向心力。太子感覺說得有理，這樣才將忙哥帖木兒等揍了幾棍，流放海南。

當時愛育黎拔力八達還沒有即位稱帝，他之所以能夠罷掉掌握全國行政財經大權的尚書省，並對武宗時的實權派人物興師問罪，主要是因為他是當時的皇太子，管著尚書令、樞密使，武宗時的最高行政、軍事長官。而與他站在一條戰線上的則是中書右丞相塔思不花、知樞密院事鐵木兒不花，都是當時的弄潮人物。

有的學者認為，愛育黎拔力八達是報復私怨，因為三寶奴等作為武宗的親信，曾經建議武宗立自己的長子和世㻋為太子，而不要立愛育黎拔力八達。這實質上是當時兩派政治勢力的鬥爭，武宗上台後貶斥政權轉移過程中立有大功的成宗朝舊臣哈剌哈孫，而愛育黎拔力八達的老師李孟則被迫停職幾年。

正因爲存在很多管理上的漏洞，故而從詔書可以看出仁宗對武宗朝尚書省幣制改革的全盤否定，也是對脫虎脫等人「變亂舊章，流毒百姓」的一次向公眾道歉。這裏存在一個如何評價中統、至元鈔法的問題，也存在一個如何評價元初三設尚書省和改行新貨幣的問題。

Q 以儒術治天下

元仁宗愛育黎拔力八達號稱忽必烈之後元代唯一的一位賢君，他年輕時跟隨儒臣李孟學習漢文化，經常與李孟一起「講論古先帝王得失成敗，及君君、臣臣、父父、子子之義。李孟擅長寫議論文，觀點鮮明，論據有理有據，而治天下的辦法，他明白得很深，從而使他確定了以儒術治天下的指導思想。

元仁宗在行政用人方面將儒家學者、儒家老臣放到十分突出的地位，還責令普及儒家讀物。當武宗剛剛去世，他下令「召世祖朝借知政務素有聲望老臣們，到上書房討論國家大事，防止國家機密洩露」。

其他大汗上台前都是召集諸王貴族等省級以上代表，商議大汗的人選；而仁宗在此新舊交替的時刻請這些儒臣與個別老眼昏花的大臣，「給傳詣閥，同議庶務」，顯然是就新舊交替之際的治國方針徵求這些老臣的意見，明確地顯示出他將要實行以儒術治國的苗頭。

武宗執政的班子被撤銷了，全國的政務還得有人處理，他對太后讓步、就不得不聘用鐵木迭兒爲中書省右丞相，但他留了一手，讓自己信任的太子詹事完澤、集賢大學士李孟並爲平章政事，以審理脫虎脫案件的右丞相塔思不花及徽政院使沙沙並爲御史大夫，以塔失鐵木兒知樞密院事。

早在南宋時期，江南地區的田籍已經相當混亂，權勢之家有田而隱漏田賦，平民百姓甚至產去而稅仍存。這自然會造成廣大農村田地不實、賦稅不均，最終影響國家收入。元仁宗實行漢法政治，也想用漢法經理田糧，努力解決土地不實、賦稅不均的社會問題。

孝順也有錯

面對著元仁宗興利除弊的一系列改革開放政策，蒙古貴族中的守舊勢力是心懷

不滿的。他們的代表是時相鐵木迭兒，而後台則是仁宗的媽媽、出身弘吉剌氏的皇太后答己。答己在政治上一貫保守，並以仁宗生身之母、共經患難的特殊地位，自擁中心，自成體系，他們無法無天，爲所欲爲，濁亂朝政，無所不至。

鐵木迭兒心懷鬼胎地提議由仁宗的幼子碩德八剌作爲皇位繼承人。太后雖然沒有立即表態，但心裏卻深深體會到了鐵木迭兒的良苦用心。因爲根據武宗兄弟原來的約定，仁宗應該傳位於武宗之子和世㻋。當時和世㻋年長有爲，不肯任人擺佈。而仁宗的小王子碩德八剌十三歲，似乎更容易控制些。

由於「立太子有功」，皇太后答己又強迫仁宗將鐵木迭兒提拔爲右丞相。從此，鐵木迭兒倚仗皇太后權勢，無所顧忌，無惡不作，「估勢貪虐，凶穢滋甚」。他擅自增收田賦，引起江西民變；收取殺人犯張弼賄金五萬貫，私放囚徒；取晉王田千餘畝，受諸王合兒班答鈔十四萬貫；任人唯親。朝廷內外都對他恨之入骨。

中書平章政事蕭拜住、御史中丞楊朵兒只和另幾位大臣趙世延、張養浩、賀伯顏等聯名上書揭發鐵木迭兒的罪狀，所列罪狀，有理有據，無可辯駁。仁宗震怒，下詔逮捕問罪。但鐵木迭兒卻藏匿在太后貼身侍婢家中，無法將其逮捕歸案。仁宗無可奈何，僅僅免去其宰相職務，並未追究其刑事責任。

關鍵在於仁宗對皇太后的態度。太后乃仁宗生身之母，當年又因宮廷鬥爭，母子二人被貶懷州，曾經共患難。歷代帝王都標榜「以孝治天下」，元仁宗更是身體力行，對太后一直好生侍候，「終身不違顏色」，明知不對，也不敢說半個「不」字。而這位太后卻思想保守。因爲仁宗推行漢制，就曾屢次遭到她的訓斥。

道理足不如後台硬

在政治鬥爭中，有理不如有後台，道理足不如後台硬，鐵木迭兒被辭退罷相還不到一年，又走太后的後門，被起用爲太子太師。內外御史四十餘人紛紛上書，說他不可做東宮太子之師。但由於有皇太后竭力保護，始終不能給他定罪。

武宗、仁宗的母親答己太后，是一個生性愛干預政事的女人。成宗死後，她曾以二子星命付陰陽家推算，確定所宜立之君，由此造成了武宗和她的一場誤會。當仁宗盡反武宗之政，著手織建自己的執政班子時，答己太后也建立了一個內則依靠亦烈失八，外則依靠右丞相鐵木迭兒的干預朝政的體制。

一些客觀原因制約著仁宗按中原傳統方式對元朝政府的改革，因爲他不能削弱蒙古諸王的行政權、司法權和經濟特權來加強中央集權。儘管忽必烈推行了中央集權的政策，蒙古諸王仍然擁有對他們領地相當多的行政、軍事、財政、司法權。因此，進一步削弱他們的權力將導致戰亂。

延祐二年仁宗下令諸王分地的達魯花赤由中書省任命的「流官」擔任，諸王只能任命副職。這樣的做法招致一些宗王和御史台的激烈批評，他們指出這樣做既違背了成吉思汗與兄弟們共用天下的約定，也破壞了忽必烈制定的制度。仁宗不得不在延祐四年取消改革措施，再次允許領主自闢達魯花赤。

實際上，除了廢止海山的聚斂政策外，仁宗還試圖以停止海山時期開始的公共建築計畫來減少政府開支，削減冗官，在可控制的範圍內適度增加賞賜的數額。假如他們能使之制度化，這些政策確實能夠減少政府的開支。但是他們沒有這樣做：削減冗官和減少賞賜額都沒有持續進行。

仁宗爲了增加國家稅收，稅收範圍擴大到賣鹽引及官府監造的鐵製品。但是他最重要的計畫，是要重新進行經理江南田賦。延祐元年，鑒於當時田地數上報有假，造成國家稅收減少。元仁宗採納中書平章政事章閭的建議，行經理之法。即查核土地田畝數額與理算租稅錢糧兩對照，並對隱漏田產追繳租賦。

仁宗改革元朝制度沒有成功，不僅是因爲遇到諸王對抗，還因爲他被宮廷內部的激烈派別之爭所困擾。仁宗從未成爲他的家族乃至宮廷完全的主人，因爲他的權力總是受到來自他的母親皇太后答己及其屬下的強烈限制。出身於與皇室保持世婚關係的弘吉剌部的答己，是一個有著強烈權利欲望的女人。

皇太后在朝中的代表鐵木迭兒一直掌握朝中大權的原因是皇帝對他母親的順從。仁宗天性慈孝，孝順父母。這不僅是仁宗的天性，也是他所設計的儒式政府的基本準則。愛育黎拔力八達之所以沒有除掉鐵木迭兒，就是因爲他不願意反抗和觸犯他的母親。

仁宗的儒治政策有損於諸王和蒙古、色目官員的傳統政治和經濟特權。於是，代表仁宗意志的儒臣在與代表皇太后的鐵木迭兒的對抗中，很少得到蒙古和色目精英的支持。

名臣李孟

李孟是仁宗統治時期的名臣。他是山西人，曾做過武宗和仁宗的老師，並且還擴

充了「國子學」的教學內容，教出了不少蒙古子弟與漢人、南人子弟。武宗時李孟因對時政不滿，就在河南許昌隱居了數年。直到一三一〇年才被返聘回去，武宗死後，李孟被仁宗重用，先後任中書平章政事和議事平章及翰林學士承旨。

李孟可說是一位一心爲民、一心爲政的青天大老爺。他最主要的功績是廢除了元朝一直實行的「病民之政」和勸說仁宗恢復了科舉制度。一三一一年，在元朝的第一次科舉考試中，他被仁宗任命爲主考官。錄取了護都遝兒爲蒙古色目榜的狀元，張起岩爲漢人南人榜的狀元。

仁宗的統治可說是對武宗時期的一個糾正。但可惜因爲仁宗性格穩重，缺少主見，始終擺脫不了權臣的迷惑，使他的統治後期出現了奸臣鐵木迭兒。仁宗不好色，信佛，也不喜歡發動戰爭，對各種宗教能採取相容政策，並且生活節儉。只是，他和窩闊台一樣，是一個好喝酒的男人，最後也死在了酒罈裏。

仁宗愛育黎拔力八達死於延祐七年正月，終年三十五歲。仁宗朝「開啓了科舉取士的開端」。所以被歷史學家孫克寬稱爲「延祐儒治」。它雖然爲元朝增加了更多的中原色彩，但是實際上沒有成功地遏制蒙古和色目精英的既得利益，因此沒能從根基上改造蒙古元朝的「整體結構」，元朝漢化的歷程又碰壁受挫折。

漢化深的小王子

英宗碩德八剌是仁宗愛育黎拔力八達的嫡長子，出生於洛陽附近的懷州，是在他父親和祖母被貶居期間出生的。洛陽是宋代理學大師程顥、程頤的故鄉。在父親的影響下，他從小就接受漢族儒家文化的教育，同蒙古草原在馬背上長大的貴族子弟大不相同。他身邊聚集了一群社會地位低下的漢族知識份子，他們的思想與言談自然對這位小王子發生了潛移默化的作用。

碩德八剌十四歲被立爲太子，十八歲即位，二十一歲被叛黨所殺。在位僅三年的他推行了種種新政改革，其核心仍然是進行元世祖即位以來的「行漢法」的政治措施，企圖以此開創一個繼承祖業績，創造天下太平、國富民足的政治局面。只是他性格有些柔弱、政治經驗不足，失敗了。

當時元朝停止科舉已經近七十年了，漢族知識份子想當官難上加難。社會上流傳著這樣的歌謠：一官、二吏、三僧、四道、五醫、六工、七獵、八娼、九儒、十丐。儒生的地位僅僅高於乞丐，比娼妓還低。因此當時的漢族讀書人普遍情緒沮喪，感到

前途渺茫。

小碩德八剌具有儒家所推崇的「謙德」，開始聽說父皇與太后要立他爲太子，他竟跑到太后宮推辭說：「我還小，有時說話還不清楚，讓哥哥們做吧。」被立爲太子後，他經常與身邊的儒生們議論當時的社會熱點、難點問題和治理國家的良策，希望根據儒家的思想把國家治理好。

元世祖在開國之初，將國內百姓分爲四個等級：蒙古人地位最高，其次爲色目人，漢人、南人地位最低。這一政策導致了嚴重的民族歧視。這種民族歧視和民族壓迫政策自然進一步加深了民族之間的矛盾。

一三一八年六七月間，黃河中下游一帶連續下了三十多天暴雨。黃河在河南睢陽決口，洪水吞沒了幾十個州縣，無數民房被沖毀，數以百萬計的災民背井離鄉。而陝西、江西等地又連年大旱，連續幾個月沒有下過一滴雨，莊稼十之八九枯死。緊接著又是大規模瘟疫流行，奪去了很多人的生命。

其實，老百姓也是很通情達理的。只要能吃飽穿暖一切好說。可如果連這點小小的基本要求都滿足不了，那就會揭竿而起。

官吏和地主富豪們，生活卻越來越腐化，對老百姓的剝削更加變本加厲，廣大勞苦大眾生活在水深火熱之中，紛紛起義。其中最著名的是蔡五九在江西領導的農民起義和賀圓明和尚在陝西領導的農民起義。

面對國家這個爛攤子，年少的碩德八剌太子急得冒火，常常與身邊的儒士、學者探討治國之道。認爲管理國家需要仁政。馬上可以取天下，但不可以馬上治。太祖皇帝騎馬揮鞭，叱吒風雲，滅國四十，沒有幾年就取得了天下，然而治理國家還要靠典制綱常。參考遼、金遺留的舊制設宮立制，這樣才能成就一番事業。

碩德八剌太子認爲：「如今誰能重用漢族儒士學者，又能推行中原固有的治國之道，誰就能把國家搞順心，下得民心，當好中國的皇帝。」這是以仁義治天下、以德治國的儒家的傳統主張，也是元世祖忽必烈曾經實行過的漢法漢制。年輕的太子能有這種認識和才智，元仁宗非常高興，因此經常召見他談論天下大事。

延祐六年十月，年僅十六歲的太子碩德八剌，由於深受父皇的信任，被授予玉冊（太子宮印），建立了一套自己的行政辦公機構，仁宗下詔由太子主持處理朝廷日常政務，以便使太子受到實際工作的鍛煉。太子謙虛謹慎，對中書省諸臣說：「任務交給我了，我就得當事幹，幹得好，不讓人說閒話。」

延祐七年正月，元仁宗病危。太子碩德八剌憂形於色，夜則焚香哭禱於神像前！

其忠孝之心，溢於言表。仁宗死後的第四天，答己太后就下令將當年支持仁宗推行漢法的右丞相答沙免職，並令鐵木迭兒第三次出任右丞相。

Q 奸臣鐵木迭兒

元朝複雜的宮廷鬥爭，給一些奸佞小人提供了表演的舞台。奸臣鐵木迭兒就是在這種環境中應運而生的。鐵木迭兒是成吉思汗時的功臣者該的玄孫，經歷了世祖、成宗、武宗、仁宗和英宗五朝。在世祖和成宗時期，他還算老實，可到了武宗時期就不老實了，他的種種劣跡就顯現了出來。

武宗時鐵木迭兒做過同知宣尉院事兼通政院使、中書平章政事、江西與雲南的行省平章政事等一品大員，到了仁宗時出任中書右丞，更被授予太子太師這樣的重要職務。鐵木迭兒之所以能夠在這一時期展現鋒芒，是因爲他是武宗和仁宗的母親元聖太后答己的親信。

早在武宗統治時期，鐵木迭兒在雲南做地方官，曾因怠忽職守受到處分，但卻被太后答己保了下來。武宗死後，太后答己爲擴張自己的勢力，趁仁宗尚未執政時，就下旨召鐵木迭兒做了中書省右丞。仁宗要比武宗的性格怯懦，他孝敬母親，事情也就總是遷就過去。

鐵木迭兒罪惡昭彰，仁宗曾多次想處置他，都因母親的出面，最後只好作罷，只是提拔御史中丞蕭拜住爲中書右丞，用來牽制鐵木迭兒的勢力。可鐵木迭兒居相位僅兩年，御史中丞蕭拜住就因罪被辭退回家了。

有個叫張弼的富人犯了殺人罪，被關入牢中。他就叫親友向鐵木迭兒送了五萬貫錢。鐵木迭兒收了錢，就把人給放了。事情被揭發出來後，中書平章蕭拜住、中丞楊朵兒只、中都留守賀勝等四十餘名官員聯合御史，聯名彈劾鐵木迭兒，揭發鐵木迭兒欺下瞞上，亂政害民，罪證確鑿，因此要求處死鐵木迭兒，以平民憤。

仁宗看到眾臣彈劾鐵木迭兒的奏摺，怒不可遏，立即下詔逮捕鐵木迭兒。可鐵木迭兒一見勢頭不妙，趕快逃到太后的宮中躲了起來。這一招還真就把仁宗給制住了。仁宗投鼠忌器，始終拿他毫無辦法，最後僅僅把鐵木迭兒罷相了事。等事情風平浪靜以後，不久鐵木迭兒不僅奇怪地官復原職，還被授予了太子太師職位。

太師就是太子的老師。像這種品行不端的人做太子的老師，那不是在開玩笑嗎！朝廷內外，一片譁然。大臣都十分氣憤，都認爲他不能輔佐太子。可太后多方庇護，仁宗又是個絕對的孝子，這個元朝中期的頭號奸臣就在風口浪尖上揚帆破浪，行動自由。真叫人無可奈何啊！

當了太子太師後，鐵木迭兒的膽子就更大了，公開出售官職，強佔民田，無惡不作，無所不爲，而且正應了那句「一人得道，雞犬升天」的話，他的兒子也都先後入朝爲官，弄得朝中人心惶惶，誰都忌憚他們父子三分。鐵木迭兒能夠遺臭萬年，是因爲他影響了元朝的大汗繼承問題。

當年武宗海山即位時和弟弟愛育黎拔力八達，也就是仁宗，曾有過約定，等武宗百年後，傳位給弟弟愛育黎拔力八達，而愛育黎拔力八達在逝世後要傳位給武宗的兒子，然後再由武宗子傳給愛育黎拔力八達的一個兒子。可在仁宗即位後，這一約定卻在武宗與仁宗的母親興聖太后和鐵木迭兒的左右掣肘下被背棄了。

仁宗剛剛去世，英宗尚未即位，大權在手的鐵木迭兒，便開始大肆迫害曾經上書彈劾過他的諸位大臣們了。他假傳太后旨意，將蕭拜住、楊朵兒只逮捕，罪名是「曾經違背太后旨意」。楊朵兒只冷笑著說：「當初以我們的職權，要殺你一點兒不難。如果我們真的不從太后的旨意，你還能活到今天嗎？」鐵木迭兒無語。

鐵木迭兒污蔑楊朵兒只的罪名成立不了，就找來兩名朝臣，想讓他們證明楊朵兒只有罪。楊朵兒只對這兩人說：「你們兩位也是御史，不應幹下流的勾當。」兩人深感羞愧，也一言不發。儘管鐵木迭兒抓不住楊朵兒只等人的任何把柄，但他還是借著太后的旨意，硬是將蕭拜住和楊朵兒只當衆斬首了。

答沙是仁宗的得力助手，協助仁宗處理政務，推行漢法，做過許多貢獻。但由於他居於右丞相之職，又受仁宗信任，樹大招風，引起鐵木迭兒等人的嫉恨。另外，鐵木迭兒對右丞相之位覬覦已久，因此對答沙自然是必欲除之而後快。鐵木迭兒出任右丞相後，立即乘新君未立之際進行報復。

延祐七年四月，年僅十七歲的碩德八剌繼承了皇位。第二天他就單獨召見了仁宗親近的大臣蕭拜住、張養浩、郭貫等人。答己太后與鐵木迭兒等保守派對改革派的恣意報復，已經對英宗構成嚴重威脅。爲了鞏固自己的統治，英宗決定採取必要的措施：他辭退思想保守的左丞相合散，衝破重重阻力任蕭拜住爲丞相。

蕭拜住是開國功臣木華黎的後代，五歲便成爲孤兒，在其媽媽的撫養下長大。由於他出生在文化發達的山東地區，同當時著名的學者虞集、吳澄等來往密切，深受儒家文化影響，在士大夫中向有「蒙古儒者」的美名。他主張繼續進行改革，實行漢法。他對英宗說：「無論如何，漢法不可廢。中原地大物博，出產豐富，自古以來

乃兵家必爭之地，豈能還以祖宗之法治之？但我蒙古貴族對於中原已經佔領的漢地，一直以蒙古落後的方式加以治理：有的圈佔農田爲牧場，有的徵發農民做苦役，有的則驅良爲奴。搞得民不聊生，怨聲載道。安天下的根本在於人心向背而不在於武力相逼。」

蕭拜住作爲英宗的師友與重臣，在英宗興利除弊的改革中作出了重大貢獻。英宗說：「朕之所以委卿以大任，是因爲乃祖木華黎曾從太祖開拓疆土，安童曾輔佐世祖克成善治。你不能忘了先帝的遺志，哪有不盡心的道理呢！」英宗與蕭拜住君臣協力，相與勵精圖治。

鐵木迭兒隨元英宗到上都，於是又勾起了與上都留守賀伯顏（即賀勝）的舊怨。前幾年，正是這位賀伯顏與蕭拜住等聯合揭發了他的罪行，致使仁宗罷了他的官。他痛恨此人一直與他作對，乃給賀伯顏製造了一個「便服迎詔」的罪名，誣陷他對新繼位的天子「大不敬」，將其置於死地，並沒其家產。

賀勝死時，百姓圍在屍體邊上痛哭，焚燒紙錢爲他送行，可見賀勝深得民心。至於彈劾過他的趙世延，鐵木迭兒將他逮回大都，嚴刑拷打。英宗這時候已經初步穩定了自己的地位，下旨兩次赦免了趙世延，可鐵木迭兒仍然將趙世延關進了死牢，逼他自殺。趙世延在牢裏被關了兩年，最後在大臣的營救下，終於獲釋。

悔不當初

也正是在這年五月，失烈門夥同嶺北行省平章政事阿散、中書平章政事黑驢等陰謀發動政變之事被告發。經過拜住的周密調查，英宗發現，此次政變的幕後指揮者正是自己的親祖母——答己太皇太后。

英宗急召拜住密謀對策，拜住說：「他們這夥人擅權亂政已久，至今仍不知悔改，竟陰結黨羽，謀危社稷。當前的上策是先發制人，在太后尚未來得及干涉之前，以迅雷不及掩耳之勢，將其同夥一網打盡，以正祖宗法度！」

英宗於是命人將失烈門一夥誅殺，並籍沒其家產。失烈門等人受到應有的懲罰，但老奸巨猾的鐵木迭兒卻稱病在家，並得到太皇太后的保護傘保護，又躲過了一場災難。

由於有拜住等改革派大臣的鼎力相助，鐵木迭兒等人雖然一直蠢蠢欲動，但屢次被英宗挫敗。太皇太后答己本來以為能夠控制英宗，使之俯首聽命，沒想到表面文弱的英宗卻不好對付，她不由得非常後悔當初為什麼立了這麼一個不聽使喚的孩子！

從諫如流的英宗

至治二年九月間，太皇太后答己與權臣鐵木迭兒相繼死去。這年十月，英宗任命拜住為中書右丞相，且不設左丞相，以免掣肘。為了達到富國強兵的目的，英宗在拜住等人的協助下實施了一系列新政。

英宗大量起用漢族知識份子，淘汰舊官僚，實行「助役法」，從地主那裏收取助役費，用來補貼農民，完善貨幣制度，採取了一些政治改革，從而提高農民生活水準。可是在這次撥亂反正的過程中，鐵木迭兒的義子鐵失因為與皇家聯姻，倖免於被清洗。

《元史》相關傳記曾記載了元英宗一些虛心納諫的故事和情節，比如他曾任命宦官為太常署令，大臣認為宦官不能參加祭拜，他便收回了委任狀；他上台後曾像其祖先那樣大賞功臣貴族，中書諸臣提議因財政困難，應該節制賞賜，他立即予以採納。

有一年元旦，英宗非常想在宮中張燈結綵，慶祝一番。御史中丞張養浩上殿進諫說：「當今國庫空虛，黃河氾濫，災民遍野，臣以爲宮中之用應該節省。」英宗聽後很高興，但表面上卻故作生氣，說：「朕登基以來，上承天命，下恤百姓。萬民同樂，天下太平。値此佳節，不應該慶祝一番嗎？」張養浩面不改色，據理力爭。

元英宗對群臣說：「我朝有張愛卿這樣的大臣，朕還有什麼憂慮的呢？自今以後，朕凡是出現過錯，不僅台臣應諫淨，眾人都可以提意見，這叫做戰勝於朝廷。」御史台臣請求英宗降詔規定台綱紀律，英宗說：「卿等只管守職盡言，正確的朕一定採納實行，不正確的也不會向大家問罪。」不久又下詔天下，有不少人直接進獻到皇帝面前。

鐵木迭兒、拜住建議說：「如今上封事者，不少人直進御前，多爲不便。希望設置一個機構，對於提建議者先過濾一遍，能解決的當時就解決，解決不了的，然後再入奏。」英宗說：「給朝廷提建議者可以直接到我跟前，如果是細民的訴訟之事，則可禁止直達朝廷，應由相關部門解決！」

有一次英宗對拜住說：「朕認爲天下之大，非朕一人思慮所及，你是我的左右臂膀，千萬不要忘記建言獻策，以幫助朕糾正各種失誤。」拜住說：「古代堯舜爲君，每遇到一件事都要徵求眾人的意見，別人說得正確則舍己從人，故而萬世稱他們爲聖

人。」

拜住說：「紂做國君時，則拒絕別人提意見，自以爲賢能，只喜歡別人服從自己，好親近小人，故而國家滅亡而不能自保，世人直到今天還稱其爲無道之主。臣等仰仗陛下洪恩，哪敢不竭忠盡力以報效朝廷呢！然而凡事言之則易，行之則難。只要陛下身體力行，臣等若不及時諫淨，則是臣下之罪！」

英宗要求宰相和各級官員不僅要忠於職守，而且要努力薦賢進諫，並專門頒發了一份詔書，規定：「監察御史、廉訪司每年都要推舉可任守令者二人。其中七品以上者，有偉畫長策可以濟世安民者，實封上之。士有隱居行義，明治體，不求聞達者，有司具狀以聞。」不論現任官員還是民間種田能手，大家都可以推薦。

對那些不推薦賢能、搞不正之風的則嚴厲批評，如英宗即位之初，有人曾通過近臣進獻七寶玉帶，以示祝賀。英宗很生氣，說：「朕剛登基不久，百廢待興，需要的是文武賢才和米粟布帛，你們作爲近臣，不去薦賢舉善，卻替人進獻玉帶，豈不是用利引誘朕走邪路嗎？」年輕的元英宗從諫如流，一時間朝野震盪。

得罪保守派

英宗直接得罪蒙古保守派貴族的主要有兩件事，一是削減對諸王、駙馬、勳舊的賞賜，降低官階、俸祿；二是在鐵木迭兒死後，繼續對其死黨進行追查。第一件事侵犯了舊貴族的利益，第二件事卻直接威脅到一些人的生存。英宗即位之初就曾以廪藏不充為由，停止過諸王所部的年終獎金。

至治二年三月，英宗所賜以貫計。每錠等於五十貫，它說明英宗即使賞賜，其總額也大幅度減少了。這樣做，無疑是對蒙古舊習的一項重大改革，也可以緩和當時嚴重的財政危機，但也因之招來了諸王貴族的強烈不滿。自然也涉及到諸王貴族的切身經濟利益。這是諸王貴族痛恨英宗和拜住的主要原因之一。

鐵木迭兒堪稱一代權臣，他雖然死了，但他的黨羽還在。他的罪行也沒有得到應有的清算。其中有兩個大案與其有關：一是貪贓庫銀五百五十萬兩；二是受賄包庇殺人犯。就在他死後第二年，監察御史還有人上書說：「鐵木迭兒奸貪負國，生逃顯戮，死有餘辜！」因此，英宗和拜住下決心繼續對鐵木迭兒及其死黨進行追查。

鐵木迭兒之子八里吉思被處死，另一個兒子鎖南被革職，英宗還下令拆毀其父祖以來所立之碑，追奪官爵，將其家產沒收充公，並告諭中外。但其死黨之一鐵失隱藏很深，又是重要的皇親國戚，英宗與拜住對其並未處理；只是嚴重警告，更未採取任何防範措施。

南坡之變

鐵失出身蒙古貴族，其父爲昌王阿失，媽媽乃蓋里海涯公主，妹妹則是英宗的皇后。但此人貪財好色，品格卑劣，曾拜鐵木迭兒爲義父。鐵木迭兒生前，鐵失是他的得力幹將；鐵木迭兒死後，鐵失則成爲其死黨的實際領袖。

正是由於有鐵木迭兒的提攜與支持，鐵失被任命爲御史大夫，在鐵木迭兒臨死前又讓鐵失掌握了中央禁軍。由大臣兼領禁軍諸衛事務，這在元朝本來是沒有先例的，英宗與拜住在這個關鍵問題上考慮不周，當時鐵失以御史大夫兼領忠翊侍衛親軍都指揮使及左右阿速衛軍，從而爲後來的南坡之變種下了禍根。

至治三年六月，正在上都避暑的元英宗「晚上失眠，命作佛事」。拜住勸阻說：

「請喇嘛作佛事，超度的乃是死人。目前國家經費不足，還是不做爲好。」但鐵失等人卻指使喇嘛慫恿英宗：「國家有難，非作佛事、實行大赦不能消除災難。」拜住大怒：「你們不過貪圖餘帛而已，難道還想袒護有罪之人嗎？」

於是鐵失一夥狗急跳牆，準備向英宗和拜住下毒手。他們決定在英宗回大都的途中行刺，因爲沿途護衛的軍隊，都是由他們直接控制的阿速衛兵（由西北少數民族阿速人組成）。同時，鐵失已經派其同夥斡羅思趕到北方，想說服晉王也孫鐵木兒做皇帝。

晉王是忽必烈皇太子真金的長支長孫，當時駐守在蒙古草原。當斡羅思前來勸說時，晉王已有了篡位之意，但又擔心政變不能成功。回到大帳後，晉王終於想到一個兩全之策：他扣押了斡羅思，派使者前往上都向朝廷「告變」，一旦鐵失的政變沒有成功，他就迅速將斡羅思交給英宗，給自己留一個退身之路。

這年八月五日，英宗離開上都向大都進發。由於天氣炎熱，加上鐵失等人故意拖延時間，傍晚之時大隊人馬便決定在距上都十五公里的南坡店過夜。夜間，鐵失派阿速衛值勤。他與也先帖木兒及諸王按梯不花等十六人，手持兇器，闖入英宗和拜住的大帳，拜住與英宗先後被殺。

Q 巧妙的叛變

一三二三年九月四日，年僅廿一歲的元英宗和年輕有爲的丞相拜住，由於實行新政阻礙了保守黨的利益，在無數的陰謀與背叛之後，就這樣被保守勢力殘忍殺害了。晉王也孫鐵木兒在漠北龍居河繼位，是爲泰定帝。

也孫鐵木兒在叛亂中順利地奪得了皇位。雖然背負著叛亂者的罵名，但此人生平沒有大的過失，而且心地很好，也有圖治之心。可惜，元朝到了他的時候，已經烏煙瘴氣，他的才幹與學識又不足以扭轉乾坤。由於他在元朝帝系裏沒有廟號，所以後世的史家便以年號來命名，稱呼他爲泰定帝。

泰定帝利用鐵失等人的逆亂而取得帝位，爲報答擁立之功，而對逆黨加以封賞，同時又能安定其心。也先鐵木兒任中書省右丞相，鐵失任知樞密院事等等。而他自己的親信，也被委以要職，倒剌沙任中書平章政事。

在經過一個多月的安排、調整之後，泰定帝見皇位已經穩固，於是開始對逆黨加以剷除。開始在大都和上都對以前的同盟者進行了血腥的清洗。兔死狗烹，鳥盡弓藏是千古不變的道理。也先鐵木兒、鐵失和參與事變的其他官員都被處死，與逆謀有關的五王都被流徙遠方。清洗謀叛者是他把自己和弒君事件完全劃開即位合法性的妙舉。

泰定帝的改革

泰定帝在坐穩了屁股之後，開始更張政治。一方面，是派出自己所信任的諸宗王鎮守四方。泰定元年（一三二四年）三月，命宗王八剌失里出鎮察罕腦兒。六月，又命宗王闊出前往鎮守畏兀兒之地。隨後，又命宗王失剌鎮守北疆，鐵木八不花鎮守揚州，闊不花鎮守陝西，等等，進一步加強自己對全國的控制。另一方面，他又開始了改革。

泰定帝在泰定元年十月下令，中書省左、右丞相等要員，每天的辦公地點，從中書省的衙署移到皇宮之內，如有日常的事務，則回省中處理。如果無事，須在皇宮中與帝王相處，以討論各種政務。這種做法，頗似漢代武帝時的內朝、外朝之制，由此可以看出，泰定帝是要進一步加強皇帝的集權統治。

在忽必烈朝之後歷朝中，也孫鐵木兒的機構是最「非漢化」的。至元三十年（一二九三年）出生於漠北的也孫鐵木兒，即位時已經是三十一歲的成年人。他有很深的草原背景，從未受過漢式的儒家教育。也孫鐵木兒的朝廷明顯不同於以前的朝廷，確立了有漠北草原和伊斯蘭教背景的人佔優勢地位的格局，這些都決定了他不可能繼承前兩代皇帝的漢化改革。

作爲中原王朝的皇帝，也孫鐵木兒不能使歷史時鐘倒轉。他將天下分爲十八道，派遣官吏訪察民情，考核吏治，審理冤獄等。廢除成吉思汗時期分封諸王、功臣分地內的州縣長官世襲制。大興儒學。最有意義和最令人吃驚的是也孫鐵木兒恢復了經筵制度。這也是起到了調和社會矛盾的作用。

心比天高、命比紙薄的泰定帝當了五年皇帝，共使用泰定、致和兩個年號。泰定帝朝五年，整頓吏治，大興儒學，本有中興元朝之政的希望，卻不幸天災連年，百姓多流離失所，這也正是元王朝走向分崩離析的轉折時期。

泰定帝以「安撫百姓」、安定天下的名義奪取了皇位，做上了皇帝。認真分析一下泰定帝掌權期間的用人、財經、賜予，我們可以清楚地看到：諸王得利，色目得勢；重用舊臣，結黨營私；以獻寶爲名，盜竊國庫；賣官鬻爵，官兵冗濫是當時朝政的主要特點。

濫賞諸王

元朝的諸王政策，既不同於周朝的分邦建國，也不同於漢唐的虛封王侯，而是繼承了成吉思汗時期的諸王領兵出鎮制和窩闊台時期的諸王分地賞賜制，其中的親信諸王還允許在朝廷出任軍政要職。

元朝分鎮邊防和全國軍事要地，成爲元朝皇帝鞏固邊疆和穩定整個皇朝的重要力量。因此，諸王出鎮、受任有賞，來朝、貢物有賞，殺敵立功有賞，貧乏受災有賑，喪葬婚慶有賜，從某種意義上也可以說，元朝是蒙古皇室與諸王貴族共有的天下。

泰定帝在位不到五年，見於本紀記載的對諸王的賞賜共七十次左右，其中朝見賞賜三十次左右，賑濟貧乏、饑荒十二次左右，出鎮、出任賞賜十六次左右，因功及貢獻賞賜不到十次。賞賜的標準由英宗時的以「貫」計算恢復到以錠計算。由此可見，對諸王的賞賜對國家來說的確是一個沉重的負擔。

Q 重用舊臣

泰定帝號稱遵守世祖成憲，但在用人政策上卻與元世祖大相徑庭。他既不能海納百川，也沒有做到禮賢下士，而是採取了「一朝天子一朝臣」的用人方針。他即位之初，朝中大臣基本上是兩部分人，一部分是鐵木迭兒的黨羽鐵失、也先帖木兒等人，一部分則是晉邸舊臣。

清除了政變黨羽，朝中增加了一些儒臣，但他們基本上處於「師儒」的地位，並沒有掌握朝廷的實權，掌握實權的還是右丞相蒙古諸王旭邁傑等人和左丞相回回人倒剌沙等人。後來，長期在朝廷任職、當時擔任江浙行省平章政事的回回人烏伯都剌又被調入朝中任平章政事，賽典赤伯顏之弟伯顏察兒也出任平章政事。

右丞相旭邁傑死後，泰定帝提拔倒剌沙爲右丞相，可以說當時的整個中書省已經變成了回回人的天下。周良霄先生在《元代史》中說：「泰定時期，朝廷要職仍然是由一部分鐵木迭兒黨羽和一大批驟貴的晉邸藩臣所充斥。他們，包括泰定帝本人在內，都是與蒙古貴族緊密聯繫的貴族守舊集團。」

泰定二年七月，御史台臣在上書中談到一個重要現象，即「賈胡窩寶，西僧修佛事，所費不貲，於國無益，並宜除罷」。其中「賈胡窩寶」，正是色目官員利用職權爲西域商人大開方便之門、化公爲私的一種手段，是色目人掌權後出現的一大弊政。

回扣問題嚴重

成宗以來，就有弊端。政府採購的商品大多高於商品的市場價格，待交易完成後，政府官員吃回扣。這裏所說的朝中大臣利用手中的權力從國庫財物中給以「回賜」，往往高出其實際價值十倍乃至數十倍，然後相關之人「暗行分用」，這是當時的一種權錢交易，虧的是國庫，苦的是百姓。

元朝當局慢慢地疏遠了一些有功勳的大臣，廢棄忠臣良將，變亂祖宗法度，空府庫以私其黨類。這是帶有元代特色的官商勾結的以權謀私案件，也是泰定帝政權不得民心、政局不穩的一個主要原因。

幾乎與處理政變事件同時，泰定帝向天下臣民宣佈了本朝的治國方針：「諭百司遵守世祖成憲」，「惟祖訓是遵」。他在位五年，多次強調：「凡所以圖治者，悉遵

祖宗成憲。」所謂遵成憲、遵祖訓，就是要求朝廷百官遵守元世祖忽必烈制定的治國方針，遵循元成宗的守成政治。

儒臣受寵

繼仁宗、英宗之後，元代的文化有了相當的發展，儒學教育及儒家著作的翻譯與刊行都有了較好的基礎，這爲泰定帝尊孔崇儒和舉辦經筵提供了方便條件。在泰定帝即位後的第三個月，泰定帝「遣使詣曲阜，乙太牢祭孔子」。

泰定帝還是一位虔誠的佛教徒，他本人與皇后曾先後「受佛戒於帝師」，皇后還「受牙蠻答哥戒於水晶殿」，而且經常「修佛事」，進行大規模的禮佛活動。爲此還專門成立了宗教機構，來管理各個宗教。

吐蕃薩迎派一直在家族內傳承，帝師的兄弟中有人出家爲僧，有人必須爲俗並要娶妻生子。帝師八思巴的弟弟恰那多吉就曾被元世祖封爲白蘭王，並娶西涼王公主爲妻。泰定帝仿照元世祖的做法，於泰定三年五月，給壽寧公主印，仍「賜田百頃、鈔三萬錠」。

Q 沙塵暴是上天的警示？

泰定四年三月，元大都突然發生了沙塵暴，在科學還不太發達的元朝，人們自然不會想到這只是一種與環保有關的自然現象，而是以為是上天發出的警示信號，必須請有道高僧和上天聯繫才行，於是請吐蕃僧人作止風佛事向蒼天祈禱，然後拜西僧公哥列思巴沖納思監藏班藏卜為帝師，賜玉印，讓他管理天下的僧人。

泰定三年三月，泰定帝雪冤與賑貧是為了體現自己崇儒術、施仁政的「仁君」形象所展示的效果。在泰定帝執政期間，還採取了一些昭雪冤案、詢民疾苦、求直言、賜高年乃至救濟貧乏等措施。

元仁宗去世後，鐵木迭兒乘英宗未即位之機，殺死了楊朵兒只、蕭拜住等朝廷重臣，被視為天下奇冤。英宗時期就曾為他們平反，泰定帝即位的當年，御史台又有人上書說：「罷免王毅、高防、張志弼，天下都知道他們是冤枉的，請給他們平反。」

泰定帝下詔：「存者召還錄用，死者贈官有差。」比如對蕭拜住，「泰定間，贈守正佐治功臣、太保、儀同三司、柱國，追封薊國公，謚忠憨」。其他各臣也分別得

到追贈。對於仁宗時冤死的觀音保等家屬，則賜地安撫。召仁宗時流放遠地及還原籍的諸王官屬廿四人還京師。

泰定元年正月，以故丞相拜住子答兒麻失里爲宗仁衛親軍都指揮使。重用拜住之子，等於是爲拜住平反昭雪。

農民起義

對各地的災民予以賑濟，在《泰定帝本紀》中可以說年年乃至月月都有記載。泰定帝在位不到五年，幾乎是月月有災，受災地區共六百二十餘處，對於每個受災地區幾乎都給以救濟，至少是低價糶糧。泰定二年九月，泰定帝頒發詔書說：「我剛做皇帝不久，各地方勵精圖治的人，都破格提拔。」

泰定帝屢詔中外百司，宣佈德澤，凋賦詳刑，賑恤貧民，思與黎元共用有生之樂。史書上並沒有記載還採取過其他任何措施，其結果不僅不能戰勝災害，反而搞得國庫空虛，民不聊生，甚至導致了不少地區爆發農民起義。

各地方反抗的規模在擴大。如泰定三年二月，廣西叛亂攻城陷地，專殺高官。五月，岑世興聯合鎮安路及山獠、角蠻六萬人上梁山。同年，廣西普寧有一位陳和尚造反，自稱皇帝，表明反抗者已經將推翻封建國家最高統治者作爲奮鬥目標，並且敢於用農民自己的皇帝取而代之。

對於百姓的反抗，泰定帝一般還是強調先招撫後鎮壓，但已經在不斷強調武力鎮壓的重要性。如在一份詔書中，泰定帝說：「我已經即位一段時間了，還有不老實的刁民，以後再碰到就得逮起來，再不老實的就得挨揍。」直到泰定帝去世，各地人民的反抗不僅沒有被嚇唬住，反而一天比一天更爲激烈。

官位買賣如同菜市場

泰定帝繼位後，朝野上下妖風橫行，朝政腐敗，買官賣官如同街頭菜市場一樣方便，而且明碼標價，官兵冗濫，面臨著國庫空虛，民怨沸騰的局面，泰定帝君臣也採取了一些措施。其一是企圖通過賣官鬻爵補充國庫，其二是著手解決權臣分掌兵權的問題。

泰定二年九月，「募富民入粟拜官，二千石從七品，千石正八品，五百石從八

品，三百石正九品，不願仕者施其門」。但賣官並不能從根本上解決朝廷的財政危機，只能導致行政機構臃腫，導致政治更爲腐敗。在此前後，中書省官員曾經多次上書講到當時的冗官冗兵問題，但不能根治元朝的官冗兵濫問題。

燕鐵木兒的宮廷政變，所利用的也正是他們家族掌握的宿衛軍權。從某種意義上說，當時的蒙古或色目大臣已經將自己手中的宿衛軍或其他軍隊變成了私人武裝，變成了爭權奪利的工具，通過政變上台的那些元朝皇帝，包括此後的元文宗、元順帝等，實際上都是掌握在軍人和權臣手中的傀儡，所以元朝後期政變不斷。

Q 人總要犯錯誤的

泰定帝在位的最後幾年中，天下各處天災不斷，人禍頻繁。信奉佛教的泰定帝與西僧商量，讓他們祈福消災，並令京內外的官員們恭祀五嶽等名山大川，認爲這樣就能求得庇佑。然而，讓他沒有料到的是，各種災難並沒有因此減少，反而越來越多。

面對天災，泰定帝沒有辦法，就牽強地說：「人總要犯錯誤的，否則正確之路人滿爲患。」就決定改年號，廷臣認爲「致和」不錯，於是在泰定五年（一三二八年）

春季，國號被改爲致和。泰定帝又大興佛事，以爲從此國家就會變得繁榮昌盛，於是又是打獵又是遊玩，從春到夏，不問政事。

泰定帝快活日子過了沒多久，就在一三二八年的七月，因酒色過度暴死於上都，壽僅三十六。泰定帝去世，皇位的法定順序繼承人、年僅九歲的太子阿速吉八繼承皇位，人稱元天順帝，丞相倒刺沙以未成年人不能負法律責任爲作爲藉口，獨攬朝政，結果導致天怒人怨，眾叛親離。

宮廷鬥爭的一顆棋子

僅有九歲的泰定帝之子阿速吉八少不更事就當上了帝國的皇帝，生於一個有著複雜矛盾甚至深仇大恨的黃金家族，年紀小小的他只是宮廷鬥爭的一顆棋子，對於他的歷史與未來，歷史沒有留下任何詳細的記載，只是說他不知所蹤，由於他在元朝帝系裏沒有廟號，所以後世的史家便以年號來命名，稱呼他爲大順帝。

泰定帝去世立即引發了元朝歷史上最血腥和破壞性最大的帝位之爭，爭奪的結果是帝系重新回到了海山後人手中，並一直延續到元朝滅亡。在泰定帝駕崩的同時，大

都宮廷中已經發生政變，目的是重使武宗海山的兒子成爲正統的皇位繼承人。

自古三十年河東三十年河西。自仁宗在延祐三年以自己的兒子碩德八剌取代海山的長子和世㻋爲皇太子後，試圖恢復海山兒子帝位繼承權的努力即成爲一股政治暗流。泰定帝之死不過是爲這股暗流的表面化提供了機會。雖然和世㻋和他的弟弟圖帖睦爾是帝位的競爭者，但推動帝位爭奪的實際上是海山的舊侍從燕鐵木兒。

帝位爭奪戰

泰定四年九月，中書省左丞相倒剌沙乃在上都立泰定帝之子九歲的阿速吉八爲皇帝，改元「天順」，擁立他的有中書右丞相倒剌沙、遼王脫脫和泰定帝的侄子、不久前被封爲梁王的王禪。而是時，一股敵對勢力，已在伺機而動，圖謀另立新帝。一場大規模的皇位爭奪戰，轉瞬即發。

與泰定帝一系對抗的勢力，主要由武宗的舊部下們所組成。其中的核心人物是燕鐵木兒，其他還有諸王滿禿、阿馬剌台、大宗正札魯忽赤闊闊出等人。他們或是武宗之近親，或是武宗的舊臣，對於仁宗的背約而改立皇子，本就極爲不滿，隱忍未發。

其實不是不發，而是在左顧右盼觀察時勢呢。

燕鐵木兒是海山征討叛王時的統帥和海山即位的擁立者，海山在位時該家族的地位達到了頂點。但是，在其後的兩朝皇帝時，此家族的地位一落千丈。英宗被殺，泰定帝即位，任用親信色目人倒剌沙等主管政府，就更加令其不滿，就準備發動政變，推翻泰定帝一系的統治，因爲仁宗沒有後代，所以擁戴武宗海山的兒子即位成爲爭位的口號。

致和元年深秋，泰定帝患病時，燕鐵木兒立即著手組織兵變，最後計畫，如果泰定帝在上都病亡，就發動政變。燕鐵木兒於八月四日清晨成功地衝進宮中俘虜了烏伯都剌和在大都的其他大臣。當時他召集京中諸官僚，當眾宣佈，天下正統皇位，應當歸於武宗之子，「有不順者斬！」

在控制大都之後，燕鐵木兒馬上組織了一個臨時政府並遣人報告在江陵的圖帖睦爾和在河南的伯顏。伯顏是帝位爭奪中的又一個重要人物，他在海山征討諸王叛亂時是其手下的一個低級幕僚。伯顏派出重兵，護衛圖帖睦爾一同北上。

燕鐵木兒在大都積極籌畫，準備與上都的泰定帝一方展開決戰。在武宗一系與泰定帝一系之間，一場大規模的爭奪皇位的戰爭已經不可避免。自蒙古立國以來的一百二十年間，第二次出現了兩帝並立的局面，重演骨肉相殘、勝者為王的慘劇。

天順元年八月二十三日，上都軍馬開始向大都進發。九月一日，燕鐵木兒等率軍北上迎敵。兩都之戰，大都方面首戰告捷。不久，上都軍再次向大都發動猛攻。

就在兩都軍馬連日展開激戰的同時，駐守於全國各地的蒙古貴族們，也表現出不同的立場。而鎮守在東北的蒙古軍統帥不花帖木兒、宗王月魯不花等，就像牆頭草，先是支持上都方面，不久卻轉而支持大都方面，在十月十三日包圍了上都，驚慌失措的上都宮廷被迫在第二天出降。年輕的皇帝天順帝阿速吉八「失蹤」。

上都的投降，天順帝的失蹤，掃清了海山後人繼承帝位的障礙。然而，上都的投降並不意味著大都派取得了全面勝利。上都派在其他地方的戰鬥還持續了很長時間。直到一三二八年年底，在陝西的上都派還沒有放下武器，而四川的上都派到第二年五月才投降。雲南上都派頑強戰鬥，堅持了四年之久，到至順三年（一三三二年）三月才放棄了他們的努力。

假意的客氣

西元一三二八年九月十三日，身在大都的圖帖睦爾即位，改元天曆，是爲元文宗。本來他還推辭，表示說：「我大兄（周王）遠在朔漠，我哪敢紊亂帝位的繼承順序呢！」燕鐵木兒勸他說，上都諸王及倒剌沙已擁泰定帝之子天順帝繼位，如果懷王不及時稱帝，大都一方連「旗號」都沒得打。如果這樣，正統一方打「反賊」一方，優劣立判。

特別好玩的是，雙方亂哄哄大打出手之餘，元文宗下詔加封關羽爲「顯靈義勇武安英濟王」，臨時抱關老爺大腳，可能也是病急亂投醫，希望關爺冥冥之中保佑自己。甭說，這招兒還真「管用」，關爺確實「保佑」元文宗一方取勝。蒙古宗王齊王月魯貼木兒，率生力軍突襲上都。城池很快被攻破。倒剌沙肉袒持皇帝寶璽出降，仍不免被戮的命運。

元文宗登基大典上，就明白表示：「謹俟大兄之至，以遂朕固讓之心。」那時候，元文宗說這種話，倒有九分是真。何者，上都諸王勢銳，蒙古諸行省不少人根本

以大都政權爲叛逆，還有不少人處於觀望中。元文宗心中沒根，他自己又非元武宗嫡長子，只能先繼帝位，再打「大兄」牌，穩住己方的陣營和人心。

端掉上都後，殺掉倒刺沙和天順帝小孩子，元文宗仍舊派臣下數次往返，迎接大哥回大都「登基」。史書上雖未明說，但多種跡象表明周王和世㻋心中存疑，遲遲不肯動身。可是身邊人又都勸他回去，當然這些人無非是想和世㻋登帝位後給他們大份賞賜。多年追隨他的從人們也勸周王回去繼帝位，這樣一來，辛苦多年也有回報。

Q 過分的熱情必有詐

和世㻋被兄弟元文宗過分的「熱情」和朔漠諸王過分的期望鼓托著，只得往南面大都方向走。天曆二年（一三二九年），陰曆正月乙丑，出於穩妥起見，和世㻋在和寧即帝位，由此，這位爺就「變」成元明宗。從這個小動作可以見出，他不回大都即位而是在半路的和林即位，說明他心中還是對兄弟不是十分放心。

稱帝之後，元明宗擺出大哥架勢，派使臣對在大都的弟弟元文宗說：「老弟你聽政之暇，應該親近士大夫，深習古今治亂得失，不要荒廢時間。」言者可能無心，聽者絕對有意，元文宗對這種教訓的口吻非常不舒服。當然，心中雖然不舒服，面子上的事情一定要做。元文宗派燕鐵木兒等人率大隊人馬，北來向元明宗奉上皇帝的幾套玉璽，以示真正讓位之心。

這一麻痺計很管用，元明宗完全鬆懈下來。當然，他也不傻，對燕鐵木兒等人表示，你們任命的官員我一樣會重用，放心吧。燕鐵木兒更不傻，他反試探元明宗：還是您派人吧。於是元明宗得意忘形，一下子忘了自己剛才所說的襲用元文宗所任百官的話，馬上下詔委派自己人入主重要官職。

燕鐵木兒越來越心中有數，只是仍然扮豬吃老虎的遊戲而已。特別讓他心中大動殺機的，是元明宗手下一幫舊臣在宴飲間時常言語衝撞，根本不拿他當回事。元明宗在行殿大宴群臣之時，觀其所言，確實是個懂得如何治理國家的明白人，但很有一朝權在手，就把令來行的意思。其實，這時候的元明宗還未至大都真正抓住帝權，這些鋒芒確實露得還太早。

爲了穩住兄弟元文宗，他下令大都省臣重鑄「皇太子寶」（其實是「皇太弟寶」，從前元武宗所鑄「皇太子寶」忽然找不著了），元文宗這時也不敢「怠慢」，在燕鐵木兒竄掇下從大都出發，北向而行，「迎接」大哥元明宗。陰曆八月四日，兄

弟倆在上都附近見面。兄弟相見，肯定是「甚歡」，但僅僅過了四天，三十歲左右正當年且身強力壯的元明宗就一夕「暴崩」。

手足相殘

當年鐵馬遊沙漠，萬里歸來會二龍。
周氏君臣空守信，漢家兄弟不相容。
只知奉璽傳三讓，豈料遊魂隔九重。
天上武皇亦灑淚，世間骨肉可相逢？

這是元代蒙古族大詩人薩都刺所作，記述元武宗兩個兒子元文宗、元明宗手足相殘的宮禁秘事。元武宗如果死後有知，看見兩個兒子如此不能相容，肯定會爲之流淚悲痛。

此次政變，說不上誰好誰壞，可稱是皇帝家族內屢見不鮮的事情。元明宗「崩」後，燕鐵木兒立即把行殿內的皇帝璽綬搶出，擁奉元文宗疾馳回上都，「晝則率宿衛士以扈從，夜則躬擐甲冑繞幄殿巡護」，真是「耿耿精忠」。

可歎的是，「龍頭」一死，元明宗的舊臣、親隨似乎都嚇傻了，沒有作出任何爲主人復仇的舉動，甚至像樣的氣話都沒說出來。在跪伏靈前痛哭以外，他們最耽心的還是自己脖子上的腦袋和家人性命。七天後，元文宗在上都宣佈「復位」。爲了「安慰」死人，追諡大哥和世㻋爲「翼獻景孝皇帝，廟號明宗」。

一人之下，萬人之上

作爲爭奪帝位的主要功臣，燕鐵木兒和伯顏得到了蒙古歷史上帝國前所未有的權力和榮譽。

即便在文宗退位期間，燕鐵木兒不僅一切官爵照舊，還被明宗加授太師的頭銜。而文宗復位之後，更是對他信任有加。燕鐵木兒權勢熏天，文宗優禮有加，助長了他的荒淫無度。例如燕鐵木兒將泰定帝的皇后娶爲夫人。前後所娶的婦女之中，僅宗室女子就有四十人之多，侍妾多得連他自己都不能完全認識。

燕鐵木兒在天曆二年建立了大都督府，直接控制六個衛軍機構，他還要求諸王、

公主、駙馬、近侍人員和大小衙門的官員，如果膽敢越過燕鐵木兒上奏，便以違背皇帝論處。再次肯定了燕鐵木兒的顯赫地位。這樣，燕鐵木兒就把政府的政治、軍事、監察和文化的所有權力統統抓到了手中。

燕鐵木兒欽察貴族勢力的強大，引起了蒙古貴族的不滿。知院闊徹伯、脫脫木兒等人密謀發動政變，以圖除掉燕鐵木兒，竟然被人告發。燕鐵木兒立即調集欽察親軍將闊徹伯等人逮捕，下獄，處死，抄家。這一事件之後，文宗對燕鐵木兒的恩寵更爲隆重優厚。伯顏的權力和榮譽僅次於燕鐵木兒。

打著恢復海山帝系旗號並通過兵變掌握權力之後，文宗也沒有心慈手軟，對其政敵進行了血腥的清洗。在一三二八年上都投降之後，對也孫鐵木兒後人的支持者的清洗既徹底又殘忍。宮廷中瀰漫著極強的報復氣氛，甚至爲使也孫鐵木兒稱帝不具合法性，文宗不僅不給他謚號，還將其父親甘麻剌的牌位從太廟中移出並毀掉。

值得注意的是，兩都之戰中上都倒剌沙集團主要是回回人，信奉伊斯蘭教；而大都燕鐵木兒集團則主要是信奉基督教的欽察人，倒剌沙集團的失敗，給回回人在政治上帶來了巨大的打擊。因此，在文宗的中央機構中，沒有一個回回人任要職，只有少數的幾個回回人在行省機構任職，回回人受到了有元一代最爲沉重的打擊。

籠絡臣下不遺餘力

文宗的老大之位來得不明不白，所以他只好用封賞來籠絡人。爲爭取貴族和官僚的支持，慷慨的封贈和巨額的賞賜對他來說比以前任何一朝都更爲重要。文宗在位四年中，封了廿四個王，其中九個是一字王。在這九個一字王裏，甚至有七人不是忽必烈的後人，這是明顯違背祖制的，但迫於形勢又不得不這樣做。

至順元年（一三三〇年），爲了爭取更多的盟友，文宗推動了廣泛的外交攻勢，三個宗王奉命出使察合台、欽察和伊兒汗國。西方三個汗國對這一姿態表示讚賞。在其後三年中，各國也多次派貢使前往圖帖睦爾的宮廷拜見。這樣，圖帖睦爾爲自己在蒙古世界重建了宗主權，並且與西方三個汗國保持著密切的聯繫。

元朝最博學的皇帝

元文宗還有一個「之最」——他是元朝最博學的皇帝，也最多才多藝。他很早就

顯示出了廣博的知識和藝術愛好，在泰定二年（一三二五年）至天曆元年（一三二八年）任懷王時，身邊就有很多著名的漢人文學家和藝術家。文宗有極好的漢文和歷史知識，在詩歌、書法和繪畫等許多方面都頗有造詣。

文宗也很識時務，知道籠絡讀書人。他用加封儒學先聖先賢的辦法來提高儒學的地位。天曆二年，圖帖睦爾派遣官員前往曲阜代祀孔子，至順元年，皇帝本人親自參加祭天的郊祀，這是元朝皇帝第一次參加此項中原王朝傳統的重要祭祀。爲發揚儒家道德，宮廷每年都表彰許多孝子與節婦。

爲阻止「文化返祖」，也就是漢人追隨蒙古人和非儒家習俗，一三三〇年下詔：「諸人非其本俗，敢有弟收其嫂、子收庶母者，坐罪。」第二年，又下令漢人和南人嚴禁實行收繼婚制。同時，鼓勵蒙古人和色目人接受漢人的習俗，蒙古和色目官員在一三二九年准許按漢人習俗爲父母守喪三年。

文宗宣導漢學最具體的措施是建立奎章閣學士院，這就使得當時各族學者紛紛湧向元大都。在天曆二年春季首次建立的奎章閣學士院，舉辦的各種活動都有一定的政治意義。這給予他的朝廷一個「精心安排的文明外表」，藉此改變皇帝的形象。奎章閣學士院的核心人物虞集負責大拍皇帝馬屁。

為了嚴格官學的考試制度，文宗在至順元年下令中書省、御史台、集賢院、奎章閣的官員共同主持對國子監學生的考試，合格者按考試成績分等授官，不合格的留校讀書，不得授予官職。至順三年八月，文宗去世。文宗在位期間雖短，但他所提倡的文化治國策略對後世還是有著一定的影響。

史上最有權勢的兒童

元文宗曾立自己的兒子阿剌忒納答剌為皇太子，然而皇太子命薄，不久就病死了。為了沖喪，元文宗把另一個兒子古納答納送到燕鐵木兒家做養子，改名燕帖古思。同時，元文宗本人又下詔養燕鐵木兒的兒子塔剌海為養子。這對君臣真好玩，沒事互換兒子玩，也是中國歷史上罕見的一大奇事。

而在至順三年五月，文宗去上都避暑時生病，八月病情加重，急忙派人去找皇后卜答失里、皇子燕帖古思以及九位大臣等前來，對他們說：「古剌答納雖然是我的兒子，我固然也愛他，但朕的皇位是從兄長那裏繼承來的，如果你們願意按照我說的辦，我死後就由明宗的兒子妥懽帖睦爾繼承皇位。」說完文宗就咽氣了。

然而，燕鐵木兒爲了繼續專權，請求皇后卜答失里立她的兒子燕帖古思爲帝。卜答失里爲了執行丈夫的遺詔，予以拒絕。一三三二年十月，卜答失里遂奉文宗遺詔，擁立年僅七歲的懿璘質班登上了皇位，是謂寧宗。

懿璘質班是個兒童，卻是世界上最有權勢的兒童。他天真爛漫，只是他那小胳膊小腿承受不了至高榮耀的重量，導致他只做了五十三天的老大，便被壓垮一命歸西。但是，他短暫的一生卻成爲元朝從中期向末世轉折的標誌。這就是元朝歷史上在位時期最短的寧宗。寧宗死後，與忽必烈一樣，採用秘葬制，葬於皇家陵區起輦谷。寧宗夭折後，燕鐵木兒再次請求立燕帖古思，太后仍不同意，下令立明宗長子妥懽帖睦爾。

＊微歷史大事記＊

西元一三一一年正月庚辰，元武宗海山病逝。

西元一三一一年三月，愛育黎拔力八達以皇太子身分在皇宮繼位。

西元一三一八年，即元仁宗延祐五年初夏，黃河中下游一帶連續發生暴雨災害。

西元一三一九年，即延祐六年十月，年僅十六歲的太子碩德八剌，被授予玉冊（太子宮印）。

西元一三二〇年，即延祐七年正月，元仁宗病危，十七歲的碩德八剌繼承皇位。

西元一三二二年，即至治二年九月間，太皇太后答己與權臣鐵木迭兒相繼死去。

西元一三二三年九月四日，元英宗和丞相拜住，被保守勢力殺害。

西元一三二三年，也孫鐵木兒即位，在位五年，是為泰定帝。

西元一三二四年，泰定帝改元泰定，三月立阿速吉八為太子。

西元一三二八年八月十五日，元泰定帝病逝於上都，終年三十六歲。

西元一三二八年九月，立泰定帝之子九歲的阿速吉八為皇帝，改元「天順」。

西元一三二八年深秋，泰定帝患病時，燕鐵木兒兵變。

西元一三二八年八月二十三日，兩都大戰。

西元一三二八年十月十三日，天順帝「失蹤」。

西元一三二九年正月，圖帖睦爾遣使迎其兄和世㻋即帝位，是為明宗。

西元一三二九年正月，圖帖睦爾將明宗毒死，復位。

西元一三三一年，阿剌忒納答剌被冊立為皇太子。

西元一三三二年八月，文宗去世，同年三年十月十三日，年僅七歲的懿璘質班登基，是謂寧宗。

第七章

元順帝篇

亡國不是我的錯

元順帝妥懽帖睦爾是元朝末代皇帝。他是元武宗海山之孫、元明宗和世瓎的長子，生於元仁宗延祐七年（一三二〇年），共在位三十六年。在元朝歷史上，他是在位時間最長的一位皇帝。當然，他的荒淫無能也是最嚴重的，與元世祖的雄才大略根本不可同日而語。他上任不久就把國庫給搞虧空了，等朱元璋打來時，他一拍屁股，撤了。

身世之謎

某一天，明成祖朱棣在宮中觀賞歷代帝王的畫像，整個掃視了一遍之後，他忍不住自言自語道：「爲什麼元順帝看起來不像元代皇帝，而像宋代皇帝呢？」這句話，引起了人們對元順帝妥懽帖睦爾身世的猜疑。關於元順帝的身世，目前流傳著兩種說法：一種認爲他是宋恭帝的兒子，而另一種則認爲他並沒有趙氏血統。

元順帝妥懽帖睦爾是元朝的最後一個皇帝，而宋恭帝趙顯是南宋的末代君主，這兩個人既沒親戚，也不在一個時代，然而，無論是在民間還是文獻典籍中，都流傳著一種說法：元順帝是宋恭帝的兒子。若真如此，蒙古人從宋人手中搶走的江山，又在

不知不覺中回到了宋人的手中。可是，事實真是這樣的嗎？

最早提出元惠宗妥懽帖睦爾爲宋恭帝之子的，是明成祖永樂皇帝朱棣朝中的一位名叫袁忠徹的大臣，他在《符台外集》中詳細地講述了元順帝的身世。德佑二年（一二七六年）正月，南宋滅亡，謝太皇太后攜五歲的宋恭帝（趙顯）投降，之後便被元軍押去見忽必烈。忽必烈見他年紀尚小，沒有殺他，還封他爲瀛國公，開府儀同三司檢校大司徒。

趙顯八歲那年，元軍俘虜了文天祥，文天祥一心忠於宋朝，不願投降。忽必烈念他忠於舊主，想要把他挖過來爲己所用，於是派趙顯前往勸降，人家不答應。後來文天祥就被害，趙顯依舊是瀛國公。

至元十九年（一二八二年）十二月，宋恭帝被遷居上都，在那裏他度過了自己的少年時代。當他長到十八歲時，忽必烈擔心留著他會成爲後患，於是起了殺心。宋恭帝得知這個消息後，主動請求脫離塵世，永世爲僧。如此一來，用不著殺人便可除去後患，元世祖當然樂意。看來，做人還是得有眼色，否則，一命嗚呼，又哀哉！

唐三藏的師弟是皇帝

一二八二年十二月，宋恭帝趙顯去吐蕃取經，學習佛法，人稱其爲合尊法師，是唐三藏的師弟，職稱是木波講師。從此，趙顯長期居住於西藏薩迦大寺，終日與經文佛法爲伴，潛心學習藏文。苦讀多年後，趙顯通曉了藏文，成爲了佛門學問僧，並最終成爲了薩迦大寺的總主持。他還從事佛經翻譯工作。

至元二十五年元世祖夜夢金龍繞殿柱，而次日早朝時瀛國公又恰巧立於該柱之下，引起元世祖的猜忌，趙顯被迫遁入空門，號合尊大師，後奉詔居甘州山寺，時年約十八歲。延祐年間，瀛國公已近五十歲，發配途中經過甘州，趙王見其年老孤獨，就將一回回女子賞賜與他。延祐七年（一三二〇年）四月十六日夜，該女子生下一子。正巧元明宗經過，因十分喜愛這個嬰兒，便要去作養子，取名爲妥懽帖睦爾，他就是日後的元順帝。

無頭公案

要說妥懽帖睦爾，得先從他的父親元明宗說起，這一位能當上皇帝，完全是自己弟弟「慷慨大度」的結果。他的弟弟元文宗在權臣燕鐵木兒的幫助下，奪得皇位，卻還想著這個遠在漠北的哥哥，便禪讓給哥哥。兄弟重逢，自然要大擺宴席，慶祝一下。於是，當宴會進行到第四天的時候，明宗便「暴崩」了，弟弟文宗又坐上了闊別八個月的皇帝寶座。

按照當初的許諾，文宗應該立明宗之子爲太子的，可文宗皇帝卻透露出了想立自己兒子爲太子的念頭。文宗的皇后卜答失里矯詔處死了明宗的八不沙皇后，也以此爲自己的兒子做太子掃除障礙。之後，明宗的兒子便成了她的眼中釘，妥懽帖睦爾是明宗長子，自然更爲她所不容。於是，一件離奇的宮闈秘聞傳了出來：妥懽帖睦爾不是明宗的兒子。

消息的來源是皇子奶媽的丈夫，他信誓旦旦地說：明宗曾經親口對他說過，妥懽帖睦爾不是自己的兒子。這樣的無頭公案自然無從查對，不過對於文宗和皇后來說，也沒有查核的必要。他們迅速將妥懽帖睦爾遠遠流放。對於妥懽帖睦爾的弟弟，明宗的嫡子，也許是因為他年紀太小，文宗也有點天良發現，就把他留在宮中撫養。

物極必反

妥懽帖睦爾算是跌到了命運的最低點，他登上皇位的可能性也幾乎為零。但是，真是人算不如天算吧，說起來不能不承認妥懽帖睦爾的運氣實在是太好。文宗夫婦把他流放之後，果然立了自己的兒子為太子，可那孩子也許是命小福薄，在被立為太子二十來天後病死了。而且，他的弟弟也生起病來。

文宗夫婦就只有這麼兩個兒子，死了一個，眼看另一個也不保，自然大為驚慌，四處求爺爺，告奶奶。後來這個兒子總算好了起來，文宗又病了，他覺得這是由於自己對不起兄嫂的結果，為了向上天悔過，便在臨終時向皇后、皇子和重臣燕鐵木兒叮囑，一定要明宗的兒子繼位。妥懽帖睦爾的弟弟被立為皇帝，是為元寧宗。

但這個小皇帝只當了五十三天，便突發急病死了。燕鐵木兒再次要求立文宗的兒子繼位，但皇太后還是不答應，一定要立明宗的兒子。可是，雖然皇太后同意立他，

手握大權的燕鐵木兒卻怎麼看他都不順眼。他拖著不給小皇帝辦登基手續，幸好老天相助，兩個月後，燕鐵木兒死了，於是，妥懽帖睦爾順利登基，是爲元順帝。

Q 皇帝的工作是享樂？

元順帝當上皇帝時也不足十三歲，對於一個少年來說，可能還沒有意識到，在他接下元朝這個爛攤子時，國家已經亂得不能再亂了，權臣弄權、官員腐敗現象嚴重、國家財政赤字嚴重。雖然登基稱帝，但是國家大權卻並不在他的手裏，仍然是由皇太后卜答失里和權臣做主的。

對於這一點，他自己也心知肚明，所以，當身邊的近臣對他說天下的事情應該委任宰相決定，假如陛下自己去辦，辦得不好的話會背負惡名的時候，他也就樂得諸事不管，躲進深宮享福去了。

因爲政治需要，元順帝不得不娶了燕鐵木兒的女兒做皇后。這時他十三歲，燕鐵木兒的女兒比他還小兩歲，還是不怎麼懂事的小孩子，仗著叔父與兄長的權勢，自然不把順帝放在眼裏。她私傳懿旨，將由國家專賣的鹽十萬引（一引為四百至六百斤）

占為己有，還時常對宮廷的后妃橫加責打，使得元順帝對她也十分不滿。

百足之蟲死而不僵，燕鐵木兒雖然死了，但作為幕後老大，他的家族仍然在牢牢地控制著國家的命脈，為了維護自己的權力，元順帝暗中扶植武宗舊臣伯顏為國務總理大臣，加封太師、秦王，由於伯顏的加盟，元順帝底氣足了起來，開始利用伯顏這顆棋子和燕鐵木兒家族進行了奪權鬥爭。

三年之後，曾經烜赫一時的燕鐵木兒家族煙消雲散。可這時候，朝廷大權又到了權臣伯顏手裏。伯顏又給他找了一位出身蒙古貴族的女子作皇后。但他專寵奇氏，對這位皇后幾乎不聞不問。後來，奇氏給他生下皇子愛猷識理達臘，皇后一死，他便正式立奇氏為皇后。

燕鐵木兒做幕後指揮好多年，國內國際無不嘆服，現在他的家族卻受到乳臭未乾的元順帝的打壓，這讓他們很想不通，在這種不滿情緒的推動下，一三三五年，燕鐵木兒家族人密謀政變，誰料想伯顏事先得到密告，燕鐵木兒家的陰謀變成了陽謀，最終全家都被消滅，由於伯顏立了大功，他的家族勢力開始膨脹起來。

元順帝在位的很長一段時間，人們發現雖然伯顏取代了燕鐵木兒的地位，但也重演了他的壟斷，伯顏在朝中排除異己，大興特務之風，使大臣人人自危。面對社會的動盪局面，他不但沒有採取疏導的措施，反而推行極端的民族政策，排斥漢人、南人，爲了減少外族人執政的機會，他又下令停止了科舉考試。

元朝在伯顏的實際控制之下，財政秩序非常紊亂，他推行了民族分化政策，把蒙古人、色目人與漢族人民分作三六九等，在他們之間人爲挖出了一條不可逾越的鴻溝，文化的衝突和民族間的認識分裂導致了社會的極度動亂，影響了元朝在中原地區的有效統治。

順帝即位後，天公不作美，天災人禍接連不斷地發生，而當時又百廢待興，然而少不更事的順帝，哪裏有能力治理好整個國家？朝廷內部爲了爭奪權力與地位，互相傾軋，鬥爭十分激烈。伯顏就任中書右丞相後，居功自傲，順帝對他又十分賞識，於是伯顏根本不把燕鐵木兒家族放在眼裏，引起了燕鐵木兒一家的不滿。

中書左丞相撒敦以身體多病爲由要求辭職，順帝念及他是皇后答納失里的叔叔，又是燕鐵木兒之弟，同時也是太后卜答失里信任的大臣，於是只同意讓唐其勢代替撒敦任中書左丞相，凡是中書省的事務，仍然讓撒敦主持。唐其勢上任不久也與伯顏產生了矛盾，於是也上書請求辭職。

好長的官銜

唐其勢事件後，順帝不再設左丞相一職，讓伯顏一人擔任中書右丞相，獨專朝政。誅唐其勢後，順帝詔令伯顏與定住等人每日在內廷議事。一三三九年，加號大丞相。伯顏的官銜相加，達到兩百四十六字之多，在元朝歷代宰相之中，伯顏權勢之顯赫，爲前代所未有。

當時，漳州人李志甫，袁州人周子旺、彭瑩玉相繼起義，周子旺自稱周王，自立年號，起義人數最多時達五千餘人，政府經過幾個月的鎮壓，才把起義平息下去，謠言也稍稍平息了一些。伯顏因平定叛亂有功，被順帝加封爲經元德上輔功臣稱號，並賜予七寶玉書龍虎金符。

伯顏是個驕恣的、自我膨脹的人，他將自己的死黨燕者不花提拔爲諸衛軍總領，後者無論什麼雞毛蒜皮的事都要向伯顏稟報。當時全國各地送往京城的貢賦，也都直接送到伯顏家裏。庫府錢帛等的進出花銷，均需經過伯顏的批准，順帝簽字也不行。省、台官員也大都出自伯顏部下，每次上朝凡事只要是伯顏點頭，則暢通無阻。

太皇太后也一切都倚重伯顏。伯顏開始自我膨脹，不知道哪個腳趾頭朝前了，想將順帝玩弄於股掌之上。天下人只知有伯顏，不知有順帝。

伯顏欺負元順帝幼小，全面控制了朝政，在他在位期間，草菅人命有過，他曾在領導堅決反對的情況之下強行殺掉親王剡王和王子；他不懂得經濟規律，濫發紙幣擾亂了國家的經濟秩序；雖然國庫空空如也，但伯顏的身價卻迅速榮登財富排行榜榜首。

剷除奸臣

元順帝剛剛趕走燕鐵木兒這匹狼，又招來伯顏這隻虎，當他二十歲的時候，徹底認識到了伯顏對國家的危害，於是他又採用互相制衡的辦法，重用了伯顏的侄子脫脫。脫脫雖然和伯顏是叔侄，自幼生長於伯顏家裏，但他是個有著政治責任感的好人，最終他收拾了叔叔，成爲元代最後一位名臣。

伯顏是個有政治野心的大臣，由於他的羽翼日漸豐滿，元順帝在他面前也是敢怒不敢言，甚至還面臨隨時被伯顏廢掉的危險。最爲驚險的是在一三四〇年的春天，伯顏邀請順帝外出打獵，順帝知道他沒安好心，但又沒法拒絕，此時剛剛參加工作的脫脫給他支了一招，讓太子代順帝去，這才避免了一場危機。

伯顏想趁外出打獵之際挾持皇太子謀反，沒想到侄子脫脫在順帝授意下首先逮捕了他在都城的所有親信，並連夜派人把皇太子搶回都城，隨即在第二天宣佈了伯顏的種種罪狀，發佈元順帝的皇帝令，把伯顏發配河南，然後又改爲發配廣東。伯顏知道此去是死路一條，想到自己曾經風光一時，而如今仕途受挫。走到江西時，伯顏竟一命嗚呼。

順帝的左右奉了順帝之命，逼著太后母子立即出宮，太后老娘們這時已束手無策，只知道與兒子燕帖古思抱頭痛哭。太后到東安州後，就得了重病，不久就在淒涼中離開了人世。燕帖古思也在流放途中病死。

一代賢相脫脫

伯顏死後，他的侄子脫脫開始掌握實權。他倒不像他的伯父那樣專橫跋扈，是個很賢明的人，也很有才幹，在位期間廢除伯顏舊政，昭雪諸王冤獄，恢復科舉，還主

持修定了二十四史中的宋、遼、金三史，一時被譽爲「賢相」。但這些政策雖然受到了漢族士人的歡迎，卻不免觸犯了蒙古保守貴族的利益，最後，只好罷相而去。

脫脫雖然是純粹的蒙古血統，但他癡迷漢學，童年時曾拜浙江名儒吳直方爲師，瞭解中原人們的訴求，脫脫入朝爲官後，正好遇到皇帝和叔叔鬥法，在這場鬥爭中脫脫做出了令人吃驚的舉動，他嚴格遵守了儒家忠君思想，完全站在了皇帝的陣營中，打了叔叔一個措手不及。

元朝末年，各地農民紛紛起義，元朝的將領和朝中大臣們屢打敗仗。作爲朝廷的首席大臣，脫脫當總司令率兵出征，又兼任農業部長指導農田水利，以充京城食俸。順帝因有了脫脫這樣的大臣，凡事都交給脫脫處理了，自己則整天沉湎在後宮之中。

元順帝讓脫脫接管了伯顏在朝中的位置，一三四一年，順帝爲了希望元朝能夠中興，下詔改元至正，正式拜脫脫爲相，脫脫在這國家存亡的關鍵時刻，沒有任何推辭就接手了國務，開始施行他的改革措施，史稱「脫脫更化」，在脫脫的努力下，虛弱的大元帝國開始露出一絲希望的曙光。

一系列維新運動，使元朝政治爲之一新，受到重用的漢臣精神振奮，勤政廉政，原來不過問政事的元順帝也有了一些勵精圖治之意，蒙古貴族內部矛盾也減少了，民族矛盾與階級矛盾都有所緩和。朝野上下對脫脫都十分佩服，大家都稱脫脫爲賢相，百孔千瘡的元朝似乎出現了「中興」的氣象。

至正四年（一三四四年），順帝不讓左丞相帖木兒不花幹了，用別兒怯不花接手。別兒怯不花與脫脫早有矛盾，於是脫脫請求辭職不幹了，順帝不允。脫脫又一連請辭，順帝同意了他的申請，並問他誰能幹得了這個職位，脫脫向順帝推薦了阿魯圖，於是順帝聘請阿魯圖爲右丞相。

別兒怯不花執政後，多次在順帝面前打小報告，說脫脫的父親馬札爾台假意回府養病，實際上卻是結黨營私，圖謀不軌。順帝信以爲真，遂把馬札爾台下派西寧。脫脫爲了照顧年老多病的父親，給順帝上書請求和父親一起去西寧，順帝批准了。由於脫脫的照顧，馬札爾台平安地到達了西寧。

別兒怯不花聽說馬札爾台父子安全到達西寧，心裏更加不舒服了，又唆使省台的官員給朝廷上書，說馬札爾台在當地非法斂財，並與叛亂分子相互勾結。順帝這時已被別兒怯不花所蠱惑，不辨真僞，竟連夜下詔書，把馬札爾台遷到西域。馬札爾台父子也不敢違抗，只好又冒險西行。

自從別兒怯不花執政後，接連發生了山崩地震、河水決口等災禍；河南、山東

「兩搶一盜」蔓延，江淮一帶也出現了不少暴徒四出劫掠。有幾個剛正不阿的御史官，上書彈劾別兒怯不花，說他管理失調，禍亂屢見。別兒怯不花也覺得自己幹得不好，連忙上書辭職。順帝同意他以太師的身分退休回家。

御史大夫亦憐真班趁著這個機會打報告保奏脫脫父子，說馬札爾台謙讓之德可嘉，脫脫爲國辛勞，有功無過，爲何把他們父子貶斥遠方，進而逼進險地！順帝便下詔將馬札爾台父子召回甘肅。馬札爾台半路上折了回來，路上受了風寒，起初只是一般的感冒，到後來竟病故。

高麗女子

徽政院使禿滿迭兒送了一個高麗女子奇氏給順帝，奇氏名叫完者忽都，長得很漂亮，人又聰明，善於察言觀色，順帝很喜歡她的娟秀。欽察氏答納失里被毒死後，順帝想立奇氏爲后，可是偏偏大丞相伯顏說祖宗不允許這樣做。因爲按照元世祖忽必烈訂立的祖制，高麗女子是不能被冊封爲皇后的。

後來奇氏生了一個兒子取名愛猷識理達臘，從此更得順帝的歡心。伯顏被逐，太后卜答失里和太子燕帖古思慘死後，奇氏如願以償，成了西宮的主人。

愛猷識理達臘長大後，順帝常常令皇子跟在自己的身邊。這時脫脫還執掌著大權，順帝對他十分信任，所以順帝令皇子拜脫脫爲師，並且命脫脫隨時教育。脫脫倒也真把這件事當回事，有時皇子到脫脫家，也是一住就幾天，偶有疾病，脫脫常常親自爲其煎藥，藥煎好後，都是自己先嘗，才餵給皇子喝。

一次，順帝到上都去，皇子照例跟去，脫脫也跟著去了。走到雲州的時候，突然遇上了暴風驟雨，山洪暴發。順帝這時也顧不得自己的兒子了，只顧自己逃命，登上山頂躲避大水才想起兒子。脫脫也沒換衣服就來到皇帝坐的車子邊，抱出皇子，光著腳背上了山岡。順帝感動涕零，獎勵了脫脫。

殺父之仇

元順帝剛當上皇帝，就知道老爸明宗屬於非正常死亡，所以他一直在積極調查幕後黑手，終於在他即位七年之後，查明老爸明宗其實是被文宗謀害的，殺父之仇不共戴天，順帝將文宗廟撤出了太廟，又把文宗的兒子流放到了現在的朝鮮，至此，元順

帝算是徹底清除了皇位競爭對手，然後他又在有爲青年脫脫的幫助之下擊敗了權臣伯顏，掌握了政治權力，但此時元已經是積重難返。

Q 鹽場就是印鈔廠

順帝剛剛過上當皇帝的癮，就從地方傳來消息，白茅堤實在接受不了黃河水位暴漲的現實，一怒之下決堤了，很快金堤也被黃河衝垮。兩個堤壩相繼決口，導致河南省東北部，安徽、江蘇兩省的北部，山東省南部和河北的部分地區，成爲一片汪洋，嚴重威脅到人民群眾的生命安全。

在元朝大臣眼中，黃河發大水，影響百姓生命安全是小，如果影響到了鹽場的安全事情可就大了，因爲鹽稅是元朝的最重要的稅收來源，淹了鹽場就等於炸掉了元朝的印鈔廠。大災之後必有大疫，黃河決口，導致黃泛區饑荒嚴重，瘟疫橫行。

爲了應對順帝時的財政匱乏，脫脫開始了對鈔法的改革，加量印製「至正寶鈔」，替代早已通行的「中統寶鈔」和「至元寶鈔」，即所謂的「鈔買鈔」。鈔即紙幣，最早出現於北宋，叫做「交子」，開始只是流行於民間，後來朝廷發現獲利很大，就改為官營。這也是最早的紙幣。

印鈔危機

元順帝真夠倒楣的，天災人禍全讓他趕上了，為了應急，一三四九年七月，他重新返聘病退的脫脫，任命他為右丞相，讓他想盡辦法救國家於水火之中，脫脫能耐再大，沒錢什麼都幹不了，於是他在一三五〇年年底，在沒有充足準備金的情況下，大量發行了新式貨幣，結果造成了更大的經濟危機。

人民群眾的智慧是無窮的，元朝政府窮則思變，違背經濟規律發行新貨幣，目的就是掏空民間財富、解決國庫空虛問題，可老百姓採取的招數更絕，許多人乾脆施行物品交換，老百姓對新貨幣施行的軟對抗讓貨幣發行總指揮脫脫苦不堪言。

當時黃河決口已經有好幾年了，沿岸山東河南幾十萬人淪為難民。脫脫復相之後，便召集群臣商議治河事宜，決定疏塞並舉，使黃河復歸故道。其費用便來自發行的新鈔。

至正十一年四月，脫脫開始了他龐大的改造黃河工程，他指派工部尚書賈魯負責進行黃河改道工程。賈魯是個工作方法簡單粗暴的人，他根本沒有考慮老百姓的痛苦，強行徵調十五萬民夫晝夜施工，這還不算，他的手下還克扣這些民夫工資、截留水利專項物資，結果好經被這些自私的歪嘴和尚給念得歪上了天。這項工程雖然止住了洪水，但招來了大規模的農民起義。

首先，做工程是需要大量民工的，而元朝政府給民工提供的經費經過那些貪官汙吏的層層盤剝，能夠發到工人頭上的已經少之又少，更何況還是不值一文的新鈔。其次由於後勤補給工作做得不太到位，眾多民工因饑餓和繁重的體力勞動致死，於是人心思動。

紅巾軍起義

元順帝本想借治理黃河收買人心，結果民夫紛紛揭竿而起，韓山童、劉福通、杜遵道等人就是其中的代表人物，他們利用民夫的不滿情緒，結合民夫們的迷信心理，秘密做了一個背上刻著「莫道石人一隻眼，此物一出天下反」的石人，然後讓民夫幹活時故意挖出來，於是他們領導的起義順利開始。

劉備造反的時候說了：「我是中山靖王劉勝的後代，按輩分是皇帝的叔叔，你們可以叫我皇叔，以後就跟著我這個貴族混吧！」韓山童就也說了：「我是宋徽宗的第八代子孫，現在要反元復宋，不幫我的人是孬種！」有人去告官，結果老韓被殺，他媳婦抱著兒子韓林兒趕緊逃跑了。留得青山在，不怕沒柴燒嘛！

老韓的哥們加同夥劉福通，武功高強，成功突圍後重新把兄弟們聚到一起，哭著說：「這些當官兒的，個個都是殺人不眨眼的大魔頭！我們不能讓韓教主白白犧牲，一定要爲他報仇啊！」大家也頓時被感動得眼淚嘩嘩流，悲憤地說：「好！」於是，大起義正式爆發。因爲他們頭裹紅巾，就被叫做「紅巾軍」，打敗前來鎮壓的元軍，迅速佔領現在的安徽、河南一帶。

紅巾軍首倡義幟，各地起義軍也紛紛興起。元朝政府手忙腳亂地派人鎮壓，無奈按下葫蘆浮起瓢，才鎮壓下一處，別處又起來了。天下一時大亂。到了至正十四年，張士誠領導的一支農民軍攻下高郵，引起了元廷一陣恐慌。

高郵戰役

爲了顯示打擊農民起義的決心和信心，脫脫又派遣重兵圍攻高郵張士誠，高郵由於鹽販子張士誠經營多年，所以城池高大，易守難攻。高郵戰役是元朝走向滅亡的真正開始。一三五四年十一月，脫脫率元軍抵高郵，大敗張士誠。張士誠寡不敵眾，只好退入高郵城。

一三五四年冬，脫脫率領元軍主力圍攻由張士誠控制的高郵城，爲了讓高郵成爲一座孤城，脫脫命元軍分開圍攻，把高郵圍了個水泄不通，兩個月以後，城中將士耐不住了，想投降又怕脫脫不會赦免自己，硬著頭皮堅持可實在看不到希望，正在張士誠陷入兩難境地時，傳來了一個令人難以相信的好消息，脫脫被免職了。

賢相之死

原來，宰相脫脫一直很看不上順帝身邊一個佞臣哈麻，哈麻便在順帝前面說他的壞話。再加上皇后奇氏曾與哈麻合謀，想立奇氏的兒子愛猷識裏達臘爲太子，遭到脫脫的反對，奇后母子就對脫脫深爲忌恨。

奇氏母子對脫脫沒給太子登基幫忙很不滿意。奇后、太子、哈麻指使監察御史彈劾脫脫及其弟也先帖木兒兵敗之事，順帝也顧忌脫脫權力過重，對自己的皇權構成威脅，於是下詔將其削職。

脫脫被踢出後，元軍樹倒猢猻散，張士誠轉敗爲勝，各地的農民起義軍也迅速發展。

哈麻和奇氏母子聽說脫脫被調走，仍不肯放過他，脫脫被貶雲南，來到大理騰沖，這時已做了左丞相的哈麻模仿順帝的筆記，賜給脫脫毒酒，脫脫接過毒酒，一飲而盡，一命嗚呼，死時年僅四十一歲。

搖搖欲墜的元朝江山

脫脫軍原來是從各地調集而來，聞詔紛紛散去。無所投附的軍士，倒戈加入紅巾軍，元軍迅速瓦解。高郵之戰，不僅是張士誠轉敗爲勝的關鍵，也是全國形勢的一個重大轉折。脫脫是元朝的頂樑柱，他一死，腐敗的元王朝更加沒有力量挽救危亡。起義的百姓如火如荼，遍佈中原，元朝的江山已經搖搖欲墜了。

高郵兵敗，元朝失去了徹底消滅農民起義的最佳時機，以後元政府再也沒有能力集結大規模的軍隊對付起義軍，很快起義軍如同仙女散花般遍佈各地，元朝陷入大亂。

小明王

紅巾軍起義後，一時間各地紛紛回應，很快起義軍的隊伍就發展到了百萬之眾，不過劉福通沒有被喜人的局勢所陶醉，他面對複雜的局勢，採用穩紮穩打的策略，跟元朝政府軍進行對抗，他先擊敗了察罕帖木兒和李思齊的襲剿，然後爲了革命需要，四處招攬人才共同造反。

革命成果擴大之後，劉福通於一三五五年二月，擁立韓林兒爲皇帝，正式建立政權。由於他們是打著恢復宋朝的旗號造反，所以他們稱國號爲宋，年號龍鳳，韓林兒被尊稱爲「小明王」，但實際權力控制在劉福通手中，他這一招挾韓林兒號令紅巾軍的方式果然給他個人聚集了很高的威望。

吹響滅元號角

紅巾軍利用迷信式的方式組建軍隊，吹響滅元號角，一時間中原大地興起了一陣造反高潮，通過不斷的整合，出現了張士誠的天佑政權、徐壽輝的天完起義和追隨紅巾軍的郭子興集團等一批實力強大的隊伍，和元朝的統治者進行著不屈不撓的鬥爭，而此時明朝政權的開創者朱元璋就是郭子興集團的得力幹將。

元政府看到一群民工竟然在劉福通的領導下建立起宋政權和自己分庭抗禮，趕緊調集軍隊鎮壓，但由於自高郵戰役後，元政府軍患上了恐義軍症，根本不可能對起義軍組織起大規模的圍剿，元政府派遣河南平章答失八都魯爲統帥曾對劉福通部進行過較大規模用兵，但由於種種原因，總是輸多勝少。

看到形勢一片大好，宋政權的實際領導者劉福通開始飄飄然，一三五七年夏天，他在擊敗元軍圍剿後，派出三路大軍對大都形成合圍，試圖一舉推翻實力尚存的元朝。結果西路軍在陝西戰敗，部將紛紛投降元朝。

劉福通組織義軍包圍元首都，結果中路軍孤軍深入貿然北上，途中雖然成功攻克了上都、金寧、遼陽，但由於缺少補給，沒有後援，在遭到元軍圍追堵截之後，很快就失去了軍事作戰能力，最後以全軍覆沒而告終。

劉福通的確是個草根軍事精英，他組織的義軍不但有陸軍打擊，而且還有海軍配合，這也算是多兵種聯合作戰的雛形，東路軍在毛貴的率領下，從海上奇襲山東，一三五八年二月，毛貴在戰勝元大將董摶霄兄弟後，又攻克薊州，直逼大都。但一枝獨秀不是春，毛貴最終遭到八方元軍的堵截，戰敗退回濟南。

劉福通是個特別能折騰的人，他又親率大軍開闢第二戰場，攻擊宋朝故都汴梁。在用了將近兩年的時間之後，他才在一三五八年正式攻下了汴梁，然後立即將汴梁改爲宋政權的都城，迎接宋政權的名義領導韓林兒進京，完成了自欺欺人的繼承宋朝正統的鬧劇。

在元軍的步步緊逼下，劉福通放棄汴梁，掩護韓林兒逃往安豐，隨後形勢急轉直下，先是一三六三年二月，張士誠集團向元政府舉白旗投降，並在元朝的授意下，趁劉福通在安豐立足未穩，對劉福通集團發起了進攻。劉福通集團的有生力量都在北伐中徹底喪失，無奈之下，他只好向自己的名義下屬朱元璋求援。

第一個吃螃蟹的人一般會擔點風險，後邊的就好說了。劉福通之後，至正十一年（一三五一年）八月，芝麻李起義於徐州；徐壽輝、鄒普勝起義於蘄州；十二月，王權（布王三）等起兵鄧州，稱「北瑣紅軍」；次年正月，孟海馬佔領襄陽，稱「南瑣紅軍」；二月，郭子興等起義於濠州。一時之間，起義的烈火燃遍大江南北，果然，韓山童沒白死！

天完紅巾軍

徐壽輝率領紅巾軍一舉攻取了羅田縣城。九月，他在圻水縣城附近的清泉師太殿上稱皇帝即位，建都圻水，國號「天完」（「大」上加「一」為「天」，「元」上加「宀」是「完」，「天完」表示壓倒「大元」），定年號爲「治平」，設置軍政機構，任命鄒普勝爲太師，倪文俊爲領軍元帥，陳友諒爲元帥簿書椽。鑄有銅印，發行錢幣。

天完紅巾軍紀律嚴明，不淫不殺，每攻下一城，只把歸附的人名登記一下，其他的也沒什麼，因而深得人心，隊伍迅速擴展到百萬人，縱橫馳騁于長江南北，控制了

湖北、湖南、江南、浙江以及福建等廣大地區。當時有首民謠說：「滿城都是火，官府到處躲；城裏無一人，紅軍府上坐。」

不務正業的魯班皇帝

在起義軍遍地開花之際，元政府的正規部隊一直沒有發揮出自己的最佳水準，元軍當年征討四方的氣勢何在？元順帝都在忙些什麼呢？原來就在起義軍鬧得正歡的時候，一向志向遠大的元順帝卻突然轉性，拋棄了對江山社稷、祖宗基業的責任心，整日沉醉於酒色之中。

元順帝幼年繼位，由於形勢所迫，一直忍辱負重委曲求全，雖然在後來重用了名相脫脫，但最後由於權力鬥爭的需要還是無情地殺掉脫脫，從此之後他先後起用的十多個丞相，一個個不是溜鬚拍馬之輩，就是政治欲望強烈的軍閥、政客，因此元順帝心灰意冷，整日醉生夢死，借酒消愁。

幼年的委曲求全改變了順帝的性格，所以當他掌握了權力之後，心情不錯，心情大好的結果就是可以充分發揮自己的愛好，而他的愛好也很別致，那就是做木工活。

說起做木工活的皇帝，他的作品品質和明天啓皇帝是不相上下的，當時京師中甚至稱他爲「魯班皇帝」，可見手藝之高。

至正十四年十二月，元順帝設計了一套龍舟的式樣，並命內宮供奉少監塔思不花爲監工，照此式樣督造。打造出來的龍舟首尾長一百二十尺，寬二十尺，前面有瓦簾棚、穿廊以及兩間暖閣，後面有廡殿樓子。行駛的時候，龍的頭、眼、口、爪、尾都可以活動，就像真的龍一樣，格外氣派，堪稱一位高水準的設計師。

元順帝打造的龍船造成後，讓一百二十名水手，穿著華麗的衣服，頭戴黃金髻頭巾，腰繫金荔枝帶，站在船的兩邊撐篙。

有首宮詞記述了當時海子泛龍舟的盛況：

榴花紅上玉搔頭，小飲浦觴綠螘浮。
酬節涼糕剛啖罷，笑沿海子看龍舟。

元順帝也經常興致勃勃地爲臣下們設計房屋，他不但畫出規劃圖，還會親手做出模型，再讓人按照模型蓋房子。由於這些模型做得十分精緻，上面還鑲嵌著許多珍奇的寶石，於是一些另有所圖的內侍經常哄他，說這模型造得不夠漂亮，於是元順帝就把模型毀掉重做，而上面的那些寶石，就被內侍們藏到自己口袋裏去了。只是可惜，這麼個科技奇才，就在皇帝的位置上給浪費了。

雖然好玩的東西不少，可皇帝還是不能滿足，閑來無事，他又在宮中開起集貿市場來。皇帝開起市場，自然慷慨大度，對於前來的「遊客」，都由宮中御廚供飯。他還建了一座集寶台，凡是遠夷四方貢獻的珍物，上古遺留下來的器物，都貯存在裏面，供人欣賞。整個宮中呈現出一派前所未有的嘈雜，皇帝本人也從中得到了前所未有的樂趣。

皇帝在宮裏玩得興高采烈，卻全然不管宮外已經是一團糟的局面，可謂是不務正業的亡國之舉。但元順帝雖然是亡國之君，他這個做木匠活的愛好卻不是他最後亡國的關鍵，真正能代表順帝一朝的荒淫之最，還要推那著名的「十六天魔舞」了。十六天魔舞是元代很有名的舞蹈，一般提到元代的歌舞藝術，總要把它拉出來做代表。

妄想篡位的後果

後期，元朝統治集團更加腐朽不堪，終於到了不可收拾的地步。順帝返聘哈麻為中書左丞相，其弟雪雪為御史大夫，其妹婿禿魯帖木兒繼續受寵，朝政大權盡歸哈麻兄弟。這時哈麻、雪雪兩兄弟認為看人臉色辦事畢竟不如自己掌權得心應手，就與其父親想歪點子取代順帝。這時順帝天天想著泡小妞，給了他們一個機會。

禿魯帖木兒聽到哈麻、雪雪兩兄弟要舉事這個消息後，心想順帝對自己夠意思，於是將此事報告了順帝。順帝掰著腳趾頭數數哈麻的種種罪狀，元順帝立即下了逮捕令，哈麻被發配到惠州，想篡位沒那麼便宜，兩人被押出京城後，就都上吊了。

內訌的傳統

元朝後期雖然國家形勢日漸衰落，但大臣們爭權奪利的鬥爭精神卻沒有減退，最著名的當屬察罕帖木兒和答失八都魯的軍權之爭。答失八都魯出身蒙古名門，由於能力有限，在與紅巾軍作戰中屢戰屢敗，元順帝無奈之下派察罕帖木兒率軍幫助答失八都魯鎮壓起義軍。

察罕帖木兒奉命協助答失八都魯鎮壓起義軍，誰知他竟然侵佔了答失八都魯的勢力，答失八都魯因此憂憤而死。答失八都魯的兒子孛羅帖木兒接替了父親的職位，從此元軍內部開始了最大規模的窩裏鬥，根本沒有精力再去理睬起義軍的生存與發展，元政府雖然在中間搞了幾次和平會談，但效果並不理想。

元軍自從有了內訌的傳統之後，從此一發不可收拾，一三六〇年，察罕帖木兒被起義軍刺死，他的養子王保保繼承了他的事業，元軍再次掀起內訌高潮。爲了給老爸報仇，一三六三年六月，孛羅帖木兒乘王保保軍與山東起義軍打得難解難分之時，他派竹貞攻擊王保保的地盤陝西，王保保派人打敗並收降了竹貞。

Q 有著特殊才能的大貪官

除掉哈麻之後，元順帝任命搠思監爲相，搠思監是個有著特殊才能的大貪官，他有自己的專利技術——印製假鈔，而且高仿程度足以以假亂真，任命這樣的國務總理主持工作，政府的運轉能力可以想像，然而順帝可不管這些，他只求悠閒自在美人相陪就足夠了，相比自己的享樂，國家政事在他看來是可有可無的。

搠思監作爲國務總理，除了中飽私囊之外，他還與宦官朴不花狼狽爲奸，一時間元政府內部陷入日月無光的傳奇境地，有正義感的大臣對他們恨之入骨，更是有人向元順帝彈劾他們。誰知彈劾檔正好落在御史大夫老的沙手中，老的沙作爲順帝的舅舅，想利用大臣的不滿做文章排擠搠思監二人。

看到順帝無心理會朝政，皇太子覺得可以利用老爸的昏庸篡奪皇位，於是他和生母奇皇后勾結朴不花和搠思監，在逼死左丞相太平後準備正式拉開篡位大幕，結果又一次被老的沙發現，沒敢輕易行事。爲了報復老的沙，皇太子和奇皇后利用在順帝面前的影響力，趕跑了老的沙，老的沙無奈只好到孛羅帖木兒軍中避難。

一國四制

元代推行的民族壓迫政策主要體現在「四等級制」上。將不同的民族分爲不同的等級，並用不同的政策進行管理，這叫一國四制，這是蒙古統治者學習了世界史後發

明的，契丹族統治者曾將當時的人民分爲契丹、奚族與漢族等不同的等級，明確規定「以國制治契丹，以漢制治漢人」。

元朝統治者在統治機構中，各個部委的一把手都是蒙古和色目人，其次才是漢人，南人參政議政的機會很少。在地方上，達魯花赤一般由蒙古人擔任，以色目人任同知，漢人任總管，同知、總管互相牽制，都要服從達魯花赤的指揮。在刑法上，規定蒙古、色目、漢人分屬不同機關審理。

在量刑上，同樣做一件壞事，但懲罰方法卻不一樣。如規定蒙古人打死漢人，只需要去政府農場勞動；漢人殺死蒙古人則處極刑。蒙古人打漢人，漢人不准還手，違者嚴懲。漢人、南人犯盜竊案在臂上刺字，蒙古、色目人免刺。

元朝統治者規定，漢人、南人不得私藏兵器，不得田獵、習武、祈神賽社、夜間點燈等。這種民族等級的劃分，是促使元代社會矛盾尖銳化和複雜化的重要原因。

元朝後期，爲了加強統治，又重申漢人不得執寸鐵的禁令，每十戶居民才給一把菜刀，並且菜刀還用鐵鏈鎖在水井旁，這給巧婦做飯帶來很多麻煩，尤其是伯顏當政時竟藉口起義軍多爲漢人，企圖挑起民族仇殺以壓制廣大漢族人民的反抗鬥爭，結果激起了以漢族爲主的各民族更激烈的反抗。

土地兼併，賦稅沉重，貨幣貶值，在內地，蒙古統治者給貴族開綠燈，保護地主階級的土地所有制。同時又把近三百萬民戶分封給各級貴族，作爲他們的食巳，並把北方和江南的大量田地賞賜給他們，用暴力扶植了一個新的封建特權階層。有些學者曾把這個階層稱爲「種族階級」，即「種族地主」。

在財政稅收上，蒙古統治者對中原和南方實行了兩種不同的賦稅制度。在中原有「稅糧」，包括地稅和丁稅，規定地稅多者交地稅，丁稅多者交丁稅。另外還有包銀。在江南則實行南宋的兩稅制，同時還要交納戶鈔和包銀。除此之外，各地農民還要負擔各種差役。

元朝後期，圈地運動搞得很火，蒙古王公貴族通過「賜田」和掠奪，佔有大量土地。武宗時的近幸爲人請田，一次竟多達一千兩百三十頃；順帝時伯顏先後獲得「賜田」兩萬餘頃。此外，和尙、尼姑也廣占良田，仁宗時普慶寺得賜田八萬頃，文宗、順帝時大承天護聖寺前後得賜田三十二萬五千頃。

元代後期，朝廷經常入不敷出，因此稅收不斷增加。仁宗時，包銀總數比元初增加了十倍，一般課稅（包括商稅）竟增加了五十倍。在這種情況下，不僅漢人、南人，包括蒙古人和色目人中的勞動者也普遍陷於貧困，和林附近的貧民甚至有賣子女

給漢人富戶當奴婢的來交國稅和地稅。

元朝的皇室與官僚幹部紀律作風有嚴重問題，尤其是元順帝時期，腐敗程度已經無以復加。加上天災頻發，元朝後期朝政日益腐敗，各地農田水利失修，水旱災害不斷，災情年年擴大。一三四四年，黃河連續三次決口，饑民遍野，百姓流離失所。

一三五六年，當朱元璋攻佔集慶，他大規模地招攬地主階級知識份子。朱元璋勢力日益高漲，但元朝皇室卻如日落西山。元朝統治階級內部的矛盾包括朝廷中皇權與後權的矛盾、皇帝與太子的矛盾、權臣之間的矛盾、各支軍隊之間的矛盾等跟雨後春筍一樣瘋長。正是在這一系列矛盾的激化中，元朝一步一步地走向了滅亡，最後各支農民軍與江南地區先後被朱元璋所征服。

Q 元末混戰

王保保一直想找孛羅帖木兒報仇，於是他暗中派遣和尚雇傭殺手行刺孛羅帖木兒，最終孛羅帖木兒在這一年被殺。在此避難的老的沙無奈之下又帶著孛羅帖木兒的家眷逃難，最後被趙王抓捕歸案，從此孛羅帖木兒的勢力被徹底清除，軍事上暫時王保保一支獨大。

孛羅帖木兒的勢力被清除後，王保保暫時保持江湖領先地位，不過他不用為找不到對手感到傷心，很快北方漢人李思齊迎頭趕上，與他和皇太子之間產生了很大的矛盾，元朝又陷入了血雨腥風的混戰時期，這一次混戰時間之長堪稱元朝之最，直到元朝徹底滅亡才真正平息。

逃回成吉思汗的大草原

當時各地的農民起義軍，已經不把元朝軍隊放在眼裏，開始互相廝殺。終於，在各路義軍中，朱元璋成為最後的贏家。在消滅整合了陳友諒、張士誠等各路兵馬之後，朱元璋正式建立了明王朝，並於至正二十七年下令麾下大將徐達發動北伐。同年閏七月二十八日，明軍在徐達的指揮下一路勢如破竹，就一直打到了通州。

眼看火燒眉毛，群臣向順帝建議死守大都以待援軍，但順帝哪裏肯聽，於七月二十八日夜，與太子、諸妃倉皇逃出健德門，北奔上都，又回到了祖先成吉思汗的茫茫草原。

不過他的好運氣又幫了他一回，他逃得正是時候，八月初二，徐達軍攻入大都，順帝留下的監國王爺貼木爾不花被處死，元王朝在中原的統治宣告結束。

元朝內部之間毫無價值的消耗戰，讓紅巾軍後起之秀朱元璋鑽了空子，他逐漸整合南方各起義勢力，並於一三六七年十月，率領大軍消滅了張士誠集團，爲了能徹底消滅元朝，朱元璋隨即命徐達北伐，徐達不負朱元璋重望，於一三六八年七月正式攻破元朝首都大都。

Q 反攻中原的夢

元順帝在徐達的軍事打擊之下，猶如喪家之犬倉皇逃到了上都開平，從此元朝結束了在中原地區的統治。但作爲成吉思汗的優秀子孫，元朝統治者並不甘心就這麼簡單、安靜地退出歷史舞台，他們在開平的北方流亡政府進行了重新整合改革，試圖集中優勢力量，擇機反攻中原。

元順帝把有限的兵力交到王保保手中，命令王保保率兵出雁門關，從保安州經居庸關重新奪回大都，然後再一舉進攻中原地區，力圖恢復在全國的統治。雖然是癡人說夢，但王保保還是嚴格執行。

面對王保保率兵反撲大都，明將徐達不敢輕視，最後他採用了靈活戰術，趁王保保出兵大都，突襲了元軍後方重鎮太原，王保保知道後只有撤兵回援，雙方在太原地區陷入僵局。軍事對峙拼的是後勤保障，王保保缺少糧草，所以他耗不起，就在他準備決戰之時，內部出了叛徒，軍營遭到明軍偷襲，王保保大敗而逃。

王保保兵敗徐達之後，元順帝稍微老實了一陣子，但一三六九年五月，順帝又不安分起來，根據情報通州守軍力量薄弱，是個突破的好機會，於是他又命令丞相也速率萬餘精騎兵自山西攻打通州，明軍通州守備雖然力量薄弱，但守將曹良臣機智地採取虛張聲勢戰術，嚇退了也速軍隊，通州危險才算解除。

順帝可能在北遷之後一點也不順，所以他對反攻中原非常執著，在也速撤退兩個月後，他再次命令脫列伯、孔興以重兵攻大同，這次的戰略意圖非常明顯，就是爲進攻大都鋪平道路。明軍派李文忠率軍出雁門關，和元軍在山西馬邑一帶進行了一場遭遇戰，最後在明援軍的配合卜大敗元軍，俘虜了元將脫列伯。

正在大同圍城的元將孔興聽到脫列伯戰敗被俘的消息後，嚇得魂飛魄散，立即撤兵逃往綏德方向，結果在途中遭到明軍伏擊，孔興也遭遇大敗。在勝利的鼓舞下，這一年，朱元璋再次命令明軍大舉北伐，已經無力抵抗的元順帝被迫再次搬家，放棄了上都，逃到了應昌即今天的內蒙古克什克騰旗境內。

經歷多次失敗後的元順帝雖然有雄心壯志，但再也沒有能力組織大規模的反攻戰爭，明軍掌握了戰爭的絕對話語權，一三六九年，明將徐達、常遇春再次出兵，打敗元朝的漢人軍閥李思齊。而明將湯和在涇州集中兵力，和陰魂不散的王保保又一次打起了遭遇戰，雖然這次王保保小有成就，但最終仍以失敗告終。

一三七〇年，元順帝在鬱悶中死去，在應昌病逝，元昭宗愛猷識理達臘即位。朱元璋趁元朝新老政權交替之際，集結優勢兵力，兵分兩路，由徐達進兵定西，而李文忠攻打元朝新首都應昌，重點進攻元昭宗駐地應昌及陝甘寧一帶王保保的軍隊，欲圖徹底打垮元朝流亡政府的軍事實力。

徐達率軍在沈兒峪又碰到了自己的老對手王保保，經過一番較量，北元軍將士八萬餘人被俘，王保保只攜妻子兒女及少數軍士強渡黃河，逃到了和林。明東路軍在李文忠的帶領下也取得了驕人的成績，俘虜了元昭宗兒子麥德里巴勒及大群元朝幹部家屬，元昭宗在和林與戰敗後的王保保會和後，二人抱頭痛哭。

一三七二年，由於元朝流亡政府屢次派兵騷擾明朝邊境，甚至對大都的安全構成威脅，朱元璋又一次命大將徐達、李文忠、馮勝兵分三路，率軍十五萬北征。這次北征徐達、李文忠由於種種原因都沒有達到戰爭的預期效果，但也該元朝倒楣，本身只是作爲疑兵使用的馮勝卻在征途中遭遇大量元軍，並把這些元軍成功消滅，此戰成就了馮勝的威名。

斡難河曾經是成吉思汗的發祥地，或許是成吉思汗的保佑，元軍在此大顯神威，打敗了李文忠部的進攻，明軍損失慘重。和李文忠同時出發的徐達在嶺北遭到北元的王保保和賀宗哲軍隊的伏擊，死傷數萬人，大敗撤軍。不過在徐達和李文忠的牽制下，馮勝取得大勝，才算是爲明軍挽回一點面子。

自從元順帝逃離大都之後，朱元璋對北元多次用兵，雖然基本消滅了元朝流亡政府的有生軍事力量，但明朝也付出了死傷四十餘萬人的慘重代價。朱元璋深感徹底平定北元沒有那麼容易，於是他逐漸改變對元朝流亡政府的戰略方針，由軍事打擊爲主變爲戰略防禦爲主，暫時緩和了北方的局面。

作爲從戰場上摸爬滾打走出來的明太祖朱元璋，非常明白斬草除根的道理，因此在明朝綜合國力漸漸強勝之後，他又開始牽掛起北元，爲了徹底使北元在這個星球上消失，一三八七年，朱元璋任命馮勝爲帥率領二十萬人軍再次征討北元，在強大的明

軍面前，元將納哈楚率十餘萬北元兵將投降。

元將納哈楚的投降標誌著北元軍事實力的徹底崩潰。一三八八年，朱元璋再次派藍玉率軍北伐，在捕魚兒海與元軍殘餘勢力進行決戰，最後徹底擊敗了元軍。北元皇帝脫古思帖木兒率領幾十人倉皇逃跑，結果在逃跑途中被也速迭兒殺死，從此忽必烈後代再也沒能繼承蒙古汗位，而強盛一時的元帝國徹底完結。

Q 短命的王朝

從元世祖忽必烈一二七一年正式建立元朝，到一三六八年元朝滅亡，元朝歷經十一帝，前後存在九十七年。如果從一二〇六年成吉思汗建立蒙古汗國算起，蒙古汗國及元朝共存在了一百六十二年，共十五位大汗與皇帝。與漢、唐、明、清相比，不能不說它是一個短命的王朝；除成吉思汗、忽必烈之外，也可以說它是缺乏明君、沒有盛世的王朝。

而元順帝最後逃回了漠北，朱元璋認爲他把大都讓得如此痛快，可謂「克順天命」，就給了他一個「順帝」的諡號。可這位順帝在漠北還使用他的大元國號，繼續

第七章

元順帝篇

亡國不是我的錯

作大元的皇帝，史稱北元。順帝做了兩年北元皇帝後病死，他成爲元朝的末代皇帝，但也是在位最久的皇帝。

＊微歷史大事記＊

西元一三二〇年，延祐七年四月十六日夜，元順帝妥懽帖睦爾出世。

西元一三三三年六月，妥懽帖睦爾終於登上了元朝末代皇帝的寶座。

西元一三四〇年，至元六年六月，丙申下詔撤掉了元文宗的廟主，將太皇太后貶至東安州安置，將皇太子燕帖古思流放到高麗。

西元一三四四年，至正四年，順帝罷免了左丞相帖木兒不花，改用別兒怯不花繼任。

西元一三五三年，至正十三年正月，順帝立愛猷識理達臘為太子。

西元一三六八年，朱元璋派大將徐達、常遇春率軍北伐。

元朝其實很生猛

作者：丁振宇
出版者：風雲時代出版股份有限公司
出版所：風雲時代出版股份有限公司
地址：105台北市民生東路五段178號7樓之3
風雲書網：http://www.eastbooks.com.tw
官方部落格：http://eastbooks.pixnet.net/blog
Facebook：http://www.facebook.com/h7560949
信箱：h7560949@ms15.hinet.net
郵撥帳號：12043291
服務專線：(02)27560949
傳真專線：(02)27653799
執行主編：劉宇青
美術編輯：許芷姍
法律顧問：永然法律事務所 李永然律師
北辰著作權事務所 蕭雄淋律師
版權授權：南京快樂文化傳播有限公司

初版日期：2013年7月
ISBN：978-986-146-986-7

總 經 銷：富育國際股份有限公司
地　　址：台北縣新店市中正路四維巷二弄2號4樓
電　　話：(02)2219-2068

行政院新聞局局版台業字第3595號 營利事業統一編號22759935
©2013 by Storm & Stress Publishing Co.Printed in Taiwan
◎ 如有缺頁或裝訂錯誤，請退回本社更換

國 家 圖 書 館 出 版 品 預 行 編 目 資 料

元朝其實很生猛 ／ 丁振宇著.-- 初版.
臺北市：風雲時代，2013.06 -- 面；公分

ISBN 978-986-146-986-7（平裝）

1. 元史　2. 通俗史話

625.7　　102009036

原價：280元
限量特惠價：199元

版權所有　翻印必究

風雲時代

風雲時代